DEINE NÄHSCHULE *step-by-step*

JERSEY

KLEIDER, PULLOVER, ACCESSOIRES UND MEHR

GRÖSSE 34–46

Layout und Satz: Anne-Katrin Brode

Cover: Celina Reiser

Bildnachweis: Stefanie Brugger (17, 29–35, Aufmacher: 46–49, 66–73, 90–95); Corinna Brinx (S. 16, 22–25, 36, 56–65, 76, 78); Michaela Drosten (Aufmacher: S. 82, 84, 86); Claudia Holtgrete (Aufmacher: S.43, 45, 50, 52, 54); Yvonne Jahnke (S. 36), Lisa Janko-Grasslober (S. 6–14, 18–21, 26–28); Katja Schubert (S. 42, 44, 46, 48, 50, 52, 54, 66, 68, 70, 72, 83, 88, 92)

Texte: Stefanie Brugger (S. 17, 29–35, 46–49, 66–73, 90–95); Michaela Drosten (82–87); Carolin Hofmann (S. 16, 22–25, 36 (Ösen), 56–65); Claudia Holtgrete (S. 42–45, 50–55, 74); Yvonne Jahnke (S. 36, 76–81); Lisa Janko-Grasslober (S. 6–14, 18– 21, 26–28)

Lektorat: Franziska Pfister

Gedruckt bei Polygraf Print, Čapajevova 44, 08001 Prešov, Slowakei

www.emf-verlag.de

Inhalt

GRUNDLAGEN

Praktisches WERKZEUG

SCHNEIDEN

Wenn es ein wichtigstes Nähwerkzeug gäbe, dann wäre es wohl die Stoffschere. Achte beim Kauf darauf, dass sie gut in der Hand liegt und hochwertig verarbeitet ist. Im Normalfall hält eine Schere fast ein ganzes Schneiderleben lang, deswegen kann ruhig investiert werden.

Neben der Stoffschere gibt es weitere Scheren, die beim Nähen hilfreich sind. Für feine Arbeiten, das Abschneiden von Fäden und das Auftrennen von Nähten ist eine kleine Schere sinnvoll. Eine mittelgroße Schere kann für etwas feinere Zuschnitte wie etwa einen Beleg oder Taschen verwendet werden.

Mit Stoffscheren sollte ausschließlich Stoff bearbeitet werden. Auf gar keinen Fall solltest du Papier oder Ähnliches damit schneiden, da dies die Klingen stumpf werden lässt. Es ist also von Vorteil, zusätzlich eine Papierschere für den Papierschnitt im Nähkoffer zu haben.

Neben einer klassischen Schneiderschere ist auch ein Rollschneider zu empfehlen. Die rollende Klinge gibt es in verschiedenen Stärken. Vor allem für Jersey ist das Schneiden mit Rollschneider ratsam. Die Kanten werden insgesamt viel sauberer, da der Stoff gleichmäßig und durchgehend geschnitten wird. Für die Verarbeitung von offenen Kanten oder gleichmäßigen Jerseystreifen empfiehlt sich der Einsatz des Rollschneiders. Verwendest du beim Zuschnitt zusätzlich ein Patchworklineal, erhältst du wunderschön gleichmäßige Stoffstreifen, die etwa für das Einfassen mit Jerseystreifen oder als Spaghettiträger verwendet werden können.

Zu guter Letzt nicht den Nahttrenner vergessen. Auch er wird öfter benötigt als gedacht. Ein Nahttrenner sollte gut in der Hand liegen und immer eine scharfe Klinge haben.

MARKIEREN

Schneiderkreide wird benötigt, um Markierungen am Stoff vorzunehmen oder die Nahtzugabe anzuzeichnen. Üblicherweise ist diese Kreide weiß, es gibt aber auch farbige Schneiderkreide und Zauberkreide. Zauberkreide ist im Gegensatz zur normalen Schneiderkreide selbstlöschend: Das bedeutet, dass sie sich nach kurzer Zeit selbst vom Stoff löst. Schneiderkreide kann manchmal etwas bröseln und ungenau sein, vor allem wenn sie nicht gespitzt ist. Spezielle Kreidehalter mit bunten Kreideminen sorgen für genaues und sauberes Arbeiten.

Sehr praktisch für das Markieren sind Trickmarker. Das ist eine Art Filzstift, dessen Striche sich entweder mit Wasser oder einem Löschstift entfernen lassen oder nach wenigen Tagen von selbst verschwinden. Trickmarker liegen gut in der Hand und ermöglichen dank Filzspitze ein sehr genaues Markieren.

MESSEN

An Stoff und Schnittmuster misst man am besten mit Geodreieck und Maßband. Gut funktioniert ein Handmaß, das für das Bügeln von Säumen eingesetzt wird. Dank des hitzebeständigen Materials können Säume schnell und einfach umgebügelt werden.

Für das Abmessen am Körper gibt es neben dem klassischen Maßband auch ein spezielles Taillenmaßband. Dieses kann um die Taille gelegt und geschlossen werden. So kann das richtige Maß ermittelt, und weitere Messungen am Körper können von der Taillenlinie aus durchgeführt werden. Genaue Infos zum Abmessen deiner Körpermaße findest du auf Seite 16.

STECKEN

Die Auswahl an Stecknadeln ist groß: Ob mit Perlkopf, Glaskopf oder aus Kunststoff. Die Wahl der Stecknadeln ist jedoch nicht nur von deiner persönlichen Präferenz abhängig. Achte darauf, dass die Stecknadeln dein Nähgut nicht zerstören und sie vor allem bei feinem Material auch relativ dünn sind.

Eine gute Alternative zu Stecknadeln sind Stoffklammern, auch Wonderclips genannt. Sie halten zwei oder mehr Stofflagen zusammen, ohne das Nähgut zu beschädigen. Vor allem bei empfindlichen Stoffen wie etwa Scuba oder Netzstoff, bei denen Nadeleinstiche sichtbar bleiben oder das Nähgut zerstören können, sind sie eine gute Wahl.

NÄHNADEL

Für Jersey gibt es auch spezielle Nähnadeln. Verwende bei der Verarbeitung von Jersey Stretch- bzw. Jerseynadeln. Diese Nadeln haben eine Kugelspitze und schieben die Maschen beim Einstechen auseinander, statt sie zu durchtrennen.

Neben der Art von Nadel ist auch die Nadelstärke für ein sauberes Nähbild ausschlaggebend. Für feine, leichte Jerseys verwende dünne Nadeln in Stärke 70. Für dicke Stoffe wie beispielsweise Scuba oder Sweat kannst du Nadeln bis zu Stärke 90 verwenden.

Neben den Nadeln für eine Nähmaschine sind eine Handnähnadel sowie eine stumpfe Sticknadel zum Einziehen der Overlockfäden hilfreich.

NÄHGARN

Oft vernachlässigt, aber unabdingbar für ein sauberes Nahtbild ist auch das Nähgarn. Setze beim Kauf auf Markenprodukte, da schlecht verarbeitetes Garn leicht reißen und dir damit dein Nähgut zerstören kann.

Prinzipiell gilt: Dünnes Garn für feine Stoffe, dickes Garn für schwere Stoffe. Wenn du ein gutes Mittelmaß verwenden möchtest, ist ein sogenannter Allesnäher aus 100 % Polyester empfehlenswert. Er ist ein Alleskönner. Er glänzt nicht, ist lichtecht und schrumpft nicht beim Waschen oder Bügeln.

Weitere HELFERLEIN

ZWILLINGSNADEL

Praktisch ist die Zwillingsnadel. Man verwendet sie hauptsächlich für Saumabschlüsse bzw. zum „Faken“ von Coverlocknähten. Wie das genau geht, steht auf Seite 23. Die Zwillingsnadel kann aber auch für das Absteppen von Nähten oder von schmalen Spaghettiträgern eingesetzt werden.

Zwillingsnadeln gibt es speziell für dehnbare Stoffe und in verschiedenen Breiten zu kaufen. Wähle Nadeln mit einem breiten Abstand für dickere Stoffe und einem kleinen Abstand für feine Stoffe.

Die Zwillingsnadel wird in die Nähmaschine eingesetzt und doppelt eingefädelt. Die meisten Nähmaschinen haben für die zweite Garnrolle eine spezielle Vorrichtung. Die Zwillingsnaht schaut von oben aus wie zwei parallel verlaufende Geradstiche. Von der linken Seite erkennst du einen Zickzackstich.

Lies am besten in der Bedienungsanleitung deiner Nähmaschine nach, wie du die Zwillingsnadel einsetzt und welche Einstellungen du für das Nähen benötigst. Meist wird die Unterfadenspannung etwas gelockert, die Oberfadenspannung hingegen erhöht.

OBERTRANSPORTFUß

Einmal ausprobiert, will man den Obertransport nicht mehr missen. Der Obertransport sorgt für ein gleichmäßiges Gleiten der Stofflagen durch die Nähmaschine. Durch die spezielle Zahnung entstehen weniger Wellen, die Naht wird dadurch schöner und gleichmäßiger. Es gibt Nähmaschinen, die den Obertransport integriert haben. Eine günstige Alternative ist ein Obertransportfuß. Dieser kann von gängigen Maschinenherstellern als Zubehör gekauft und auf die Nähfußhalterung geschraubt werden.

MAGNETISCHE SAUMHILFE

Um beim Nähen immer den gleichen Abstand zu haben, gibt es zwei Tipps für dich. Die erste Empfehlung ist, dir den passenden Nahtabstand auf deiner Nähmaschine mit Washi Tape oder Isolierband zu markieren.

Zweitens ist die Verwendung einer magnetischen Saumhilfe zu empfehlen. Die magnetische Saumhilfe ist ein metallenes Quadrat, das durch einen integrierten Magneten auf der Metallplatte haftet. Die magnetische Saumhilfe wird entsprechend dem Abstand der benötigten Saumzugabe angebracht und ermöglicht so eine genaue Saum- bzw. Nahtzugabe während des Nähens. Aufgrund des integrierten Magneten sollte die Saumhilfe allerdings nicht bei computergesteuerten Nähmaschinen verwendet werden.

SPRÜHSTÄRKE

Gut für feine Jerseys, die sich an den Enden einrollen, ist Sprühstärke. Sprühe damit die Ränder ein, bügle die Naht und lasse sie anschließend auskühlen.

Einlagen und KURZWAREN

EINLAGEN

Einlagen verstärken den Stoff und verhindern, dass dieser sich ungewollt ausdehnt oder verzieht. Bei Oberteilen und Shirts werden Einlagen vor allem bei der Verarbeitung von Kragenteilen, Belegen oder Ausschnittkanten verwendet.

Einlagen bestehen aus Vlies oder Gewebe und haben meist eine Klebeseite, mit der sie durch Aufbügeln auf der linken Stoffseite fixiert werden. Die Einlage an den Rändern verhindert das Einrollen des Stoffs. Für die Projekte in diesem Buch wurden Einlagen der Marke Vlieseline verwendet. Wenn du eine andere Marke vorziehst, achte darauf, dass die Einlage in Stärke und Elastizität dem beim Projekt angegebenen Produkt entspricht.

WELCHE EINLAGE IST WOFÜR?

Welche Einlage man verwendet, hängt vom Stoff und der Form des zu verstärkenden Kleidungsstücks ab. Die Einlage sollte später von außen nicht sichtbar sein und den Fall des Stoffes nicht behindern. Vlieseline gibt es für dunkle Stoffe in Schwarz, für helle Stoffe in Weiß.

Vliesofix ist ein beidseitig haftendes Klebevlies, das beim Applizieren sehr praktisch ist.

G 785 ist eine bi-elastische, d. h. in Längs- und Querrichtung elastische, Einlage für zarte, fließende Jerseystoffe wie Viskose oder leichte Baumwolljerseys.

H 609 ist eine bi-elastische Einlage speziell für schwerere Jerseystoffe.

G 770 ist eine bi-elastische Gewebeeinlage für schwerere Jerseystoffe.

Framilonband (auch „Framilastic") ist ein dehnbares Band für elastische Bünde, Raffungen und andere kreative Akzente wie Rüschen (siehe Seite 31 und 34). In die Schulternaht eingearbeitet, verhindert es dauerhaft, dass sich das Shirt ausleiert.

KURZWAREN

Zu den Kurzwaren zählen jegliche Arten von Bändern, Garnen, Spitzen, Kordeln, Kordelenden, Ösen, Knöpfen, Druckknöpfen, Gummibändern, Reißverschlüssen und Ähnliches. Kurz gesagt: Alles, was neben Stoffen für dein Kleidungsstück verwendet wird. Richtig eingesetzt, können sie ein simples Kleidungsstück zu einem detailverliebten Basic machen.

Vor allem bei Jersey ist darauf zu achten, dass auch die Kurzwaren dehnbar sind. Wenn du also beispielsweise Spitze einsetzt, dann sollte diese auch dehnbar sein. Das ist besonders wichtig, wenn es sich um einen engen Ausschnitt oder ein hautnahes Kleidungsstück handelt.

Wenn du Ösen verwendest, dann solltest du die Stelle, an die die Ösen angebracht werden, verstärken. Du kannst dafür Vlieseline verwenden oder sogenannte Wonder Dots – das sind rund zugeschnittene Verstärkungspunkte, die genau für die Ösen hergestellt werden.

PFLEGEHINWEISE

Achte beim Kauf der Stoffe auf die Pflegehinweise. Da Stoffe meist einlaufen, sollte man sie immer vorwaschen und erst dann verarbeiten.

- Genähte Teile vor dem Waschen auf links drehen.
- Verwende nur Fein- oder Color-Waschmittel.
- Belade die Wäschetrommel nicht zu stark.
- Stelle den Schleudergang so niedrig wie möglich. Zu starkes Schleudern schadet den Stoffen.
- Vermeide den Trockner, denn zu starkes Erhitzen schadet Stoffen mit hohem Elasthananteil.
- Aufpassen beim Bügeln! Auch hier bitte das Bügeleisen auf niedrige Temperatur stellen.
- Bei Plotts den Stoff ohne Weichspüler vorwaschen. Nach dem Anbringen des Plotts wäschst du dein Kleidungsstück auf links. Bügle nach jeder Wäsche die Motive nach und lege beim Bügeln z. B. ein Stück Backpapier dazwischen.

Kleine STOFFKUNDE

Ein Großteil unserer Kleidung ist mittlerweile aus Jersey. Und das hat seinen Grund: Jersey ist bequem und angenehm auf der Haut. Das Angebot an dehnbaren Stoffen ist groß, sodass für jeden Geschmack etwas dabei ist. Jersey zeichnet sich durch seine Dehnbarkeit aus. Im Gegensatz zur Webware besteht dieser Stoff nämlich aus Fäden, die miteinander verschlungen werden. Der Stoff zählt zur Maschenware und ist somit vergleichbar mit Strick. Jersey ist aber nicht gleich Jersey. Je nachdem, wie er genau verstrickt wird, und welches Material als Basis verwendet wird, unterscheiden sich folgende Arten von Jersey:

Singlejersey ist ein einlagig gestrickter Stoff. Auf der Vorderseite hat er rechte Maschen, auf der Rückseite linke Maschen. Der Stoff ist sehr weich, angenehm zu tragen und leicht auf der Haut. Er eignet sich gut zum Nähen von Oberteilen wie etwa Shirts. Bei der Verarbeitung kann es sein, dass sich der Stoff an den Rändern einrollt. Verwende Sprühstärke, wenn du dem Einrollen entgegenwirken möchtest.

Interlock ist ein zweiseitig gestrickter Stoff. Auf der Vorderseite wird immer nur jede zweite Masche gestrickt, auf der Rückseite dann die fehlenden zweiten Maschen (Kreuzbindung). Dadurch entsteht ein miteinander verbundener zweilagiger Stoff, der auf beiden Seiten nur rechte Maschen aufweist. Da er doppelt gestrickt wird, ist Interlock sehr strapazierfähig und fällt etwas dicker und wärmer aus als Singlejersey. Außerdem rollt er sich nicht so stark ein.

Viskosejersey kennzeichnet sich durch einen besonders leichten und weichen Fall. Hergestellt wird diese Art von Jersey aus chemisch aufbereiteter Pflanzenfaser. Wegen seines leichten Glanzes wird der Stoff für besonders edle Kleidungsstücke eingesetzt.

Sweatshirtstoff ist wie Singlejersey ein einseitig gestrickter Stoff. Auf der Rückseite wird ein spezieller, weicher Futterfaden mitgeführt. In einem späteren Verarbeitungsschritt wird dieser Faden angeraut, wodurch der Stoff schön kuschelig wird. Sommersweat (oder auch French Terry) wird gleich hergestellt wie Kuschelsweat, seine Rückseite wird aber nicht angeraut.

Scuba ist ein im Nähbereich noch nicht so weit verbreitetes, aber immer beliebteres Material. Es handelt sich dabei um einen Stoff, der vom Griff her an Neopren denken lässt. Er ist gleichzeitig elastisch und weich und hat einen guten Stand.

Bei **Plisseejersey** wird das Muster durch unterschiedliche Strickarten erzeugt.

Rippenjersey oder **Bündchenware** ist ein gestrickter Stoff, bei dem sich rechte und linke Maschen abwechseln. Dadurch hat dieser auch ohne Elasthananteil leichte Rücksprungeigenschaften, leiert jedoch schnell aus. Bündchenware mit Elasthananteil ist formstabiler.

Singlejersey

Interlock

Viskosejersey

Sweatshirtstoff

Scuba

Plisseejersey

Bündchenware

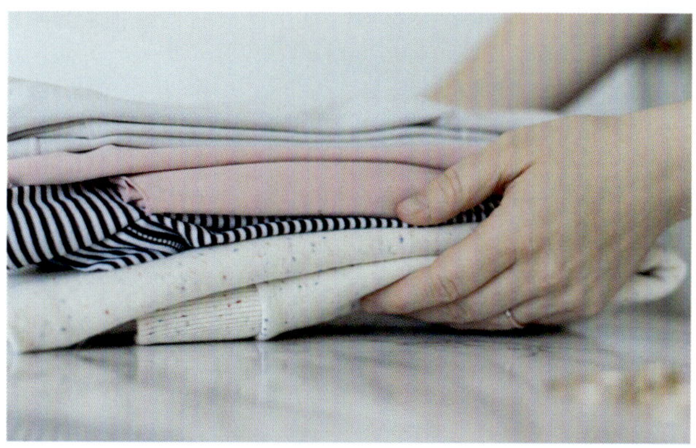

Vorbereitung und ZUSCHNEIDEN

WASCHEN

Weil die meisten Stoffe beim Waschen einlaufen, ist es ratsam, die Stoffe vor dem Verarbeiten in der Waschmaschine zu waschen. Wenn du sie erst vernähst und dann wäschst, könnte es sein, dass die Passform nicht mehr stimmt.

SCHNITTMUSTER ÜBERTRAGEN

Grundsätzlich werden Schnittmuster nicht direkt ausgeschnitten, sondern auf Papier abgepaust. So kann der Grundschnitt auch für andere Modelle oder Größen verwendet werden.

Verwende für das Abpausen Seidenpapier oder Schnittzeichenpapier, das gibt es auch als Rolle zu kaufen. Wichtig dabei ist, dass das Papier transparent und relativ reißfest ist. Achte außerdem darauf, dass die Fläche groß genug ist und ein ganzes Schnittteil abdeckt.

Notiere alle Informationen, die für dein Schnittmuster relevant sind, auch auf deinem abgepausten Schnitt. Wenn du zu einem späteren Zeitpunkt dein Schnittmuster wiederverwenden möchtest, wirst du dankbar sein, dass du alle Informationen hier gesammelt hast.

Vergiss nicht, alle Markierungen, wie beispielsweise Knipse für die Ärmeleinsatzzeichen, auf den Schnitt zu übertragen. Beschrifte alle Teile mit Namen und worum es sich handelt (Ärmel, Vorderteil oder Rückteil). Schreibe auch die Größe auf das Papier sowie jegliche Änderungen, die du gemacht hast. Sinnvoll sind außerdem der Fadenlauf und die Info, ob der Schnitt bereits die Nahtzugabe enthält.

Sollte der Schnitt keine Nahtzugaben enthalten, notiere dir an den Kanten die genaue Zugabe und zeichne diese dementsprechend auf den Stoff. Auch ob die einzelnen Teile im Bruch oder doppelt zugeschnitten werden, ist eine Information, die direkt am Schnittmuster angebracht werden sollte.

NAHT- UND SAUMZUGABEN

Nahtzugaben

Damit du zwei Teile zusammennähen kannst, benötigst du eine Nahtzugabe. Wer Jersey hauptsächlich mit der Overlock verarbeitet, wählt am besten je nach Stichbreite der Overlock eine Nahtzugabe von 0,7 bis 0,8 cm. Wenn deine Nahtzugabe so breit ist wie das halbe Nähmaschinenfüßchen der Haushaltsnähmaschine (das sind auch meist 0,7 bis 0,8 cm), kannst du beim Nähen den rechten Füßchenrand genau an der Außenkante des Stoffes entlangführen – man nennt das füßchenbreit nähen. Eine Nahtzugabe, die dieser Breite entspricht, ermöglicht dir ein sauberes und einfacheres Arbeiten.

Die im Buch abgedruckten Schnittmuster enthalten zum Teil keine Nahtzugabe, daher musst du die Nahtzugabe (wenn nicht anders angegeben) nach Auflage des Papierschnitts auf dem Stoff anzeichnen. Die Projekte mit Nahtzugabe auf dem Schnittmuster sind entsprechend mit einem Hinweis versehen.

Tipp

Sei bei der Vergabe deiner Nahtzugabe relativ großzügig. Dann hast du noch genügend Spielraum, um die für dich passende Länge zu ermitteln.

Saumzugaben

Saumzugaben werden an den unteren Kanten des Schnittteils hinzugefügt, also am unteren Ende von Vorder- und Rückteil bzw. am Hosen- oder Rocksaum sowie an der unteren Ärmelkante. Ratsam ist eine Saumzugabe von 3 cm, da dadurch der Saum nicht so leicht umklappt.

Je nach Design oder wenn das Kleidungsstück besonders edel ist, verwende ich auch manchmal eine kleinere Saumzugabe. Handelt es sich um einen Ärmelsaum, wähle am besten nur 2 cm. Am besten funktioniert bei Jersey einen Fake-Coverlocksaum, da dieser der industriellen Verarbeitung optisch am ähnlichsten ist.

Wenn dein Kleidungsstück mit Bündchen gesäumt wird, musst du lediglich eine Nahtzugabe von 0,8 cm dazuzeichnen. Offene Kanten kannst du auch mit Jerseyband einfassen. Wie das geht, steht auf Seite 33.

Wenn es das Design zulässt, empfiehlt sich ein offener Saum. Achte darauf, dass du die Kante schön gerade abschneidest, am besten mit einem Rollschneider.

ZUSCHNEIDEN

Schnittmusterteile auflegen

Falte beim Zuschnitt beide Webkanten jeweils zur Mitte und variiere je nach Schnittteil in der Breite. Dadurch ergibt sich links und rechts ein Stoffbruch, und du hast weniger unnötigen Verschnitt.

Die Papierschnittteile werden auf die linke Seite des Stoffs aufgelegt. Um ein Schnittteil auf den Stoff zu übertragen, stecke dein Papierschnittteil vorsichtig mit Stecknadeln auf dem Stoff fest oder beschwere es mit Nähgewichten, damit nichts mehr verrutschen kann.

Im Stoffbruch zuschneiden

Der Stoffbruch ist die Linie auf dem Schnittteil, an der der Stoff gefaltet werden muss. Die Faltung erfolgt meist parallel zum Fadenlauf. Wird im Stoffbruch zugeschnitten, wird durch beide Stofflagen geschnitten. Nach dem Aufklappen des Stoffs erhältst du ein zusammenhängendes, an der Bruchkante symmetrisch gespiegeltes Schnittteil. Vorder- und Rückteile werden normalerweise im Stoffbruch zugeschnitten.

Gegengleich zuschneiden

Spiegelverkehrte Schnittteile wie beispielsweise Ärmel oder das Vorderteil einer Jacke werden in doppelter Stofflage gegengleich zugeschnitten. Das Schnittteil wird hier also nicht an die Stoffbruchkante angelegt, sondern ringsherum mit Naht- und gegebenenfalls Saumzugaben zugeschnitten. Somit entstehen zwei gespiegelte Schnittteile.

Fadenlauf beachten

Wegen der unterschiedlichen Dehnbarkeit muss die Stoffrichtung beachtet werden. Ein Pfeil (oder eine Stoffbruchlinie) markiert den Fadenlauf auf dem Schnittteil. Bei Jerseystoffen verläuft der Fadenlauf senkrecht zur Maschenreihe, also von oben nach unten. Ziehst du den Jersey in der Breite etwas auseinander, kannst du die von unten nach oben verlaufenden feinen Rippen erkennen – diese verlaufen entlang des Fadenlaufs. Bei den meisten Stoffen ist die Dehnbarkeit quer zum Fadenlauf am stärksten.

Muster beachten

Achte bei gemusterten Stoffen unbedingt darauf, dass du die Schnittteile so auf dem Stoff platzierst, dass das Motiv gut zur Geltung kommt, und nichts Wichtiges an gut sichtbaren Stellen abgeschnitten wird. Streifenstoffe funktionieren am besten, wenn du die Streifen von Vorder- und Rückteil ohne Versatz an den Nähten genau ineinanderlaufen lässt.

Bei sogenannten Kopfmustern mit eindeutiger Richtung achte darauf, dass alle Schnittteile in derselben – und auch richtigen – Richtung zugeschnitten werden. Stoffe wie Nicki oder Alpenfleece haben übrigens eine Strichrichtung. Auch hier wirkt es professioneller, wenn du alle Schnittteile in derselben Richtung zuschneidest.

Rechte/linke Stoffseite

Die Vorderseite eines Stoffes wird als rechte, die Rückseite als linke Stoffseite bezeichnet. Die Vorderseite ist die Seite, die später außen sichtbar ist. Die Schnittteile werden üblicherweise auf die linke Stoffseite aufgelegt.

Markierungen übertragen

Markierungen sind hilfreich beim Zusammensetzen der Schnittteile und beim Platzieren von Taschen.

Übertrage alle relevanten Markierungen wie Taschen- und Ösenpositionen auf den Stoff: Stich mit der Stecknadel durch deinen Markierungspunkt. Dort, wo die Nadel wieder herauskommt, kannst du dir deine Markierung aufzeichnen.

Die Passzeichen (Knipse) kannst du innerhalb der Nahtzugabe anzeichnen oder – wenn du etwas geübter bist – mit kleinen Einschnitten kennzeichnen. Markiere überall auch die vordere und hintere Mitte.

Die richtige GRÖSSE

Bevor du dich für eine Größe entscheidest, musst du dich ausmessen, um die richtige Größe zu ermitteln. Maßtabellen variieren sehr stark und sind wie bei gekauften Kleidungsstücken abhängig vom Hersteller. Daher lieber noch mal nachmessen, bevor die Schere angesetzt wird. Zum Maßnehmen benötigst du ein Maßband, das du um die entsprechenden Körperstellen legst. Gemessen wird immer direkt am Körper, daher solltest du dabei nur Unterwäsche tragen.

Zudem ist es hilfreich, jemanden an deiner Seite zu haben, damit die Maße genauer werden. Notiere dir deine Maße auf einem Zettel und lege diesen zu deinen Schnittmustern. Vermerke zusätzlich das Datum, damit du später nachvollziehen kannst, mit welchen Maßen du welches Schnittmuster genäht hast und ob die Größe passend war.

Folgende Maße benötigst du für die Schnittmuster in diesem Buch:

Tipp

Orientiere dich beim Nähen immer an den Maßen und nicht an deiner Kaufgröße. Sollte diese sonst etwas kleiner sein, lass dich davon nicht entmutigen. Es sind nur Zahlen und kein Mensch weiß bei einem selbst genähten Teil, welcher Größe es entspricht.

MASSTABELLE

	32	34	36	38	40	42	44	46
Körperlänge	168 cm	168 cm	168 cm	168 cm	168 cm	168 cm	168 cm	168 cm
❶ Brustumfang	76–80 cm	80–83 cm	84–86 cm	87–91 cm	92–96 cm	97–101 cm	102–106 cm	106–112 cm
❷ Taillenumfang	62–65 cm	65–68 cm	69–72 cm	72–76 cm	76–79 cm	80–83 cm	84–90 cm	90,5–97 cm
❸ Hüftumfang	82–85 cm	85–90 cm	91–95 cm	96–100 cm	101–104 cm	105–109 cm	110–115 cm	116–120 cm
❹ Oberarmumfang	25 cm	26 cm	27 cm	28 cm	29 cm	30 cm	31 cm	32 cm

SO WIRD GEMESSEN

1. Brustumfang:
Miss über die stärkste Stelle deiner Brust.

2. Taillenumfang:
Die Fäuste seitlich zwischen Rippen und Hüftknochen stemmen. Mittig davon befindet sich die Taille. Das ist in der Regel die schmalste Stelle am Bauch. Miss dann knapp oberhalb des Bauchnabels.

3. Hüftumfang:
Über die breiteste Stelle am Gesäß messen, nicht am Hüftknochen.

4. Oberarmumfang:
Miss über die breiteste Stelle am Arm.

5. Beinlänge:
Miss im Stehen die Länge von der Taille bis zur Fußsohle. Ein Taillenmaßband hilft dir dabei, den genauen Sitz der Taille zu markieren.

6. Oberschenkel:
Über die breiteste Stelle am Oberschenkel messen, relativ weit oben.

7. Wade:
Über die breiteste Stelle an der Wade messen, in der Regel im oberen Drittel.

Tipp

Die Maßtabellen für Schnittkonstruktion enthalten noch eine Menge weiterer Maße: Rückenlänge, Schulterbreite, Halsweite und andere. Für den korrekten Sitz der Oberteile ist die Brustweite entscheidend, für den Sitz der Hosen die Hüftweite. Wenn die Maße in der Maßtabelle stark von deinen abweichen, dann kannst du das Schnittmuster anpassen.

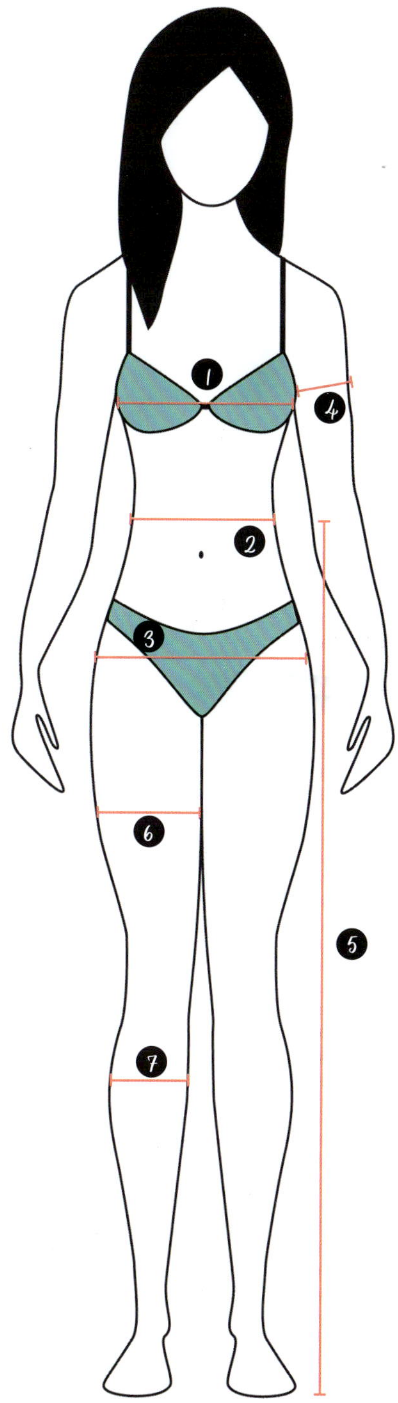

Schnittmuster ANPASSEN

KÖRPER- UND SCHNITTMAẞE

Miss dich zuerst aus. Du benötigst die Maße von Brustumfang, Taille und Hüfte. Rechne jeweils noch 2–3 cm Bewegungs-Mehrweite dazu und teile das Gesamtmaß auf die Schnittteile (z. B. Vorder- und Rückteil) auf.

Lege deine Kopierfolie auf den Schnittmusterbogen und beschwere sie am besten mit Gewichten. So kann dir nichts verrutschen. Zeichne nun die Maße deiner Figur ein.

Verbinde die Punkte mit einem Lineal. Am besten eignet sich dazu ein Kurvenlineal. Du solltest darauf achten, dass die Linie harmonisch verläuft und keine Ecken und Kanten entstehen.

Zwischen zwei Größen wechseln

Wenn dein Brustumfang beispielsweise Größe 36 entspricht, dein Hüftumfang aber Größe 38, kannst du das Schnittmuster anpassen, indem du beim Abpausen des Schnittmusters zwischen den beiden Größen wechselst. Zeichne im Brustbereich die Linie der Größe 36 nach und ziehe eine harmonisch verlaufende Linie zur Linie der Größe 38 im Hüftbereich. Solltest du genau zwischen zwei Maßen liegen, zeichne dir eine Linie, die genau zwischen den beiden Linien der entsprechenden Größen liegt. Beachte dabei jedoch, dass die Armausschnitte an Vorder- und Rückteil im Brustbereich und die Ärmel immer in derselben Größe zugeschnitten werden müssen, da sonst die Ärmel nicht richtig in die Armkugeln passen. Falls dein Oberarmumfang einer anderen Größe entspricht als dein Brustumfang, kannst du auch das anpassen. Übertrage dann die Armkugel des zu deinem Oberarmumfang passenden Oberteils auf das Schnittmuster, das zu deinem Brustumfang passt.

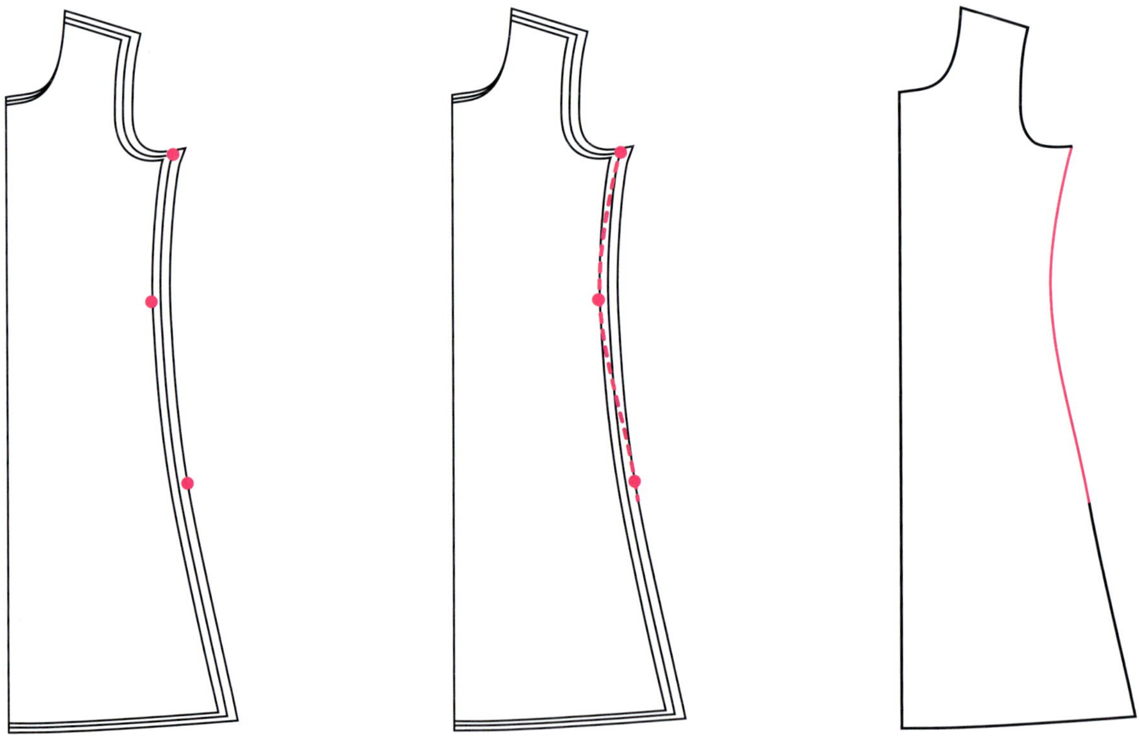

KÜRZEN ODER VERLÄNGERN

Schnittmuster für Damen sind meist auf eine Körpergröße von 168 cm ausgelegt. Du kannst deinen Schnitt aber individuell verlängern oder kürzen. Ist dein Oberkörper kürzer/länger im Verhältnis zur Körpergröße, ist es erforderlich, dies im Schnitt anzupassen. Subtrahiere oder addiere nicht einfach am Saum die fehlende/überschüssige Länge, sondern passe den Schnitt so an, dass seine Form erhalten bleibt. Schnitte mit Taillierung haben oft eine Sperrlinie (Querreferenzlinie) eingezeichnet. An dieser kann der Schnitt auseinandergeschnitten und wieder zusammengesetzt werden – entweder länger oder kürzer, ganz wie es für deinen Körper passend ist. Wenn diese Linie nicht enthalten ist, suche eine Linie zwischen Armloch und Saum. Wichtig ist, dass die Änderungslinie immer im rechten Winkel zum Fadenlauf gezeichnet wird. Achte dabei auf die Position von Rückenabnähern, wenn du die Veränderung am Vorderteil vornimmst, denn das Rückteil wird natürlich gleich angepasst. Für locker sitzende Kleider ohne Taillierung, Röcke, oder wenn lediglich das Unterteil angepasst werden muss, nimm die Sperrlinie im Hüftbereich. Ein zusätzliches Kürzen im Saumbereich ist ebenfalls möglich. Wenn das genaue Einhalten der Sperrlinie/Querreferenzlinie wichtig ist, ist diese im Unterteil ebenfalls markiert. Sehr locker sitzende Schnitte haben meistens keine Sperrlinie. Denk daran, alle Änderungen an allen zugehörigen Schnittteilen (Vorder- und Rückteil, ggf. auch Ärmel) vorzunehmen!

Verlängern

Schneide das Schnittteil an der Sperrlinie auseinander. Klebe mit Klebefilm einen auf die gewünschte Breite zugeschnittenen Papierstreifen dazwischen. Die seitlichen Überstände gleichst du im Verlauf wieder an.

Kürzen

Ziehe ober- und unterhalb der Linie jeweils eine weitere Linie. Der Abstand zwischen den Linien ist das Änderungsmaß. Falte das Schnittmuster so, dass beide Außenlinien aufeinandertreffen. Die seitlichen Überstände gleichst du im Verlauf wieder an.

Körpernahe und legere Passform

Der T-Shirt-Schnitt, den du auf den Schnittmusterbögen findest, fällt in seiner Grundform eher körpernah bzw. tailliert aus. Für einen lockereren Sitz um den Bauch herum kannst du die Seitennähte weniger stark tailliert zuschneiden.

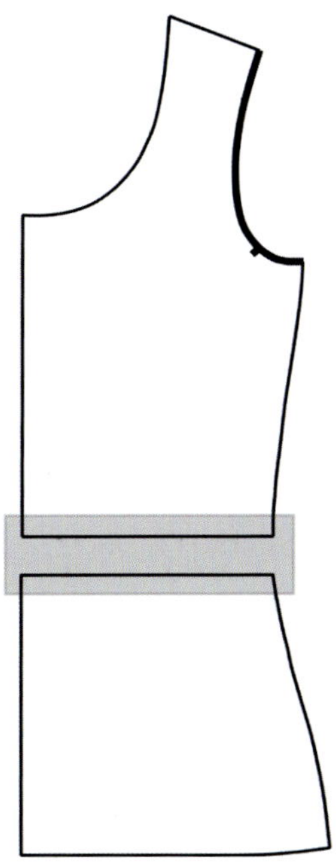

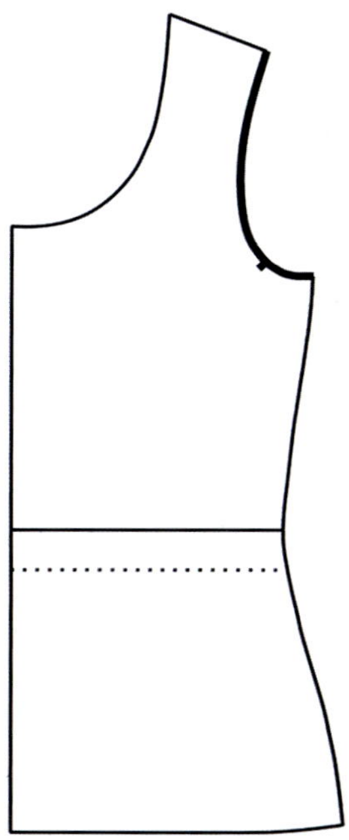

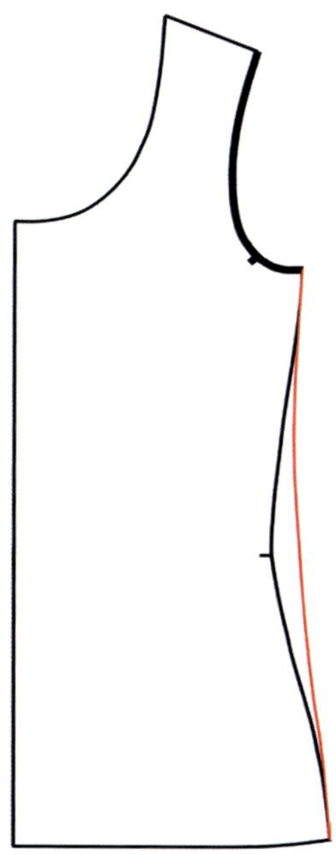

Jersey nähen OHNE OVERLOCK

NADELN

Es ist besonders wichtig, beim Nähen auf die richtigen Nadeln zu setzen. Verwende am besten Jerseynadeln mit abgerundeter Spitze in Stärke 70 bis 90, abhängig von der gewählten Stoffart. Wenn du dir unsicher bist, welche Stärke die richtige ist, dann frag am besten direkt beim Stoffkauf, oder lies im Internet bei der Beschreibung des Stoffes nach.

Neben den Jerseynadeln gibt es auch noch Stretchnadeln, die auch eine gerundete Spitze haben und für feine und hochelastische Maschenwaren wie etwa Viskosejersey geeignet sind.

DIE MASCHINE FÜHRT

Ein zweiter wichtiger Punkt beim Nähen von Jersey mit der Nähmaschine ist, dass das Nähgut während des Nähens auf keinen Fall gezogen werden darf. Der Stoff sollte gleichmäßig ohne Zug durch die Nähmaschine laufen. Um dir ein gleichmäßiges Gleiten durch die Nähmaschine zu erleichtern, empfiehlt sich ein Obertransport. Mehr Infos dazu findest du auf Seite 10.

Tipp

Wenn sich Jersey auch ohne Ziehen am Stoff wellt, kannst du die Naht vorsichtig mit Dampf bügeln. Oft wird damit der Stoff wieder schön glatt.

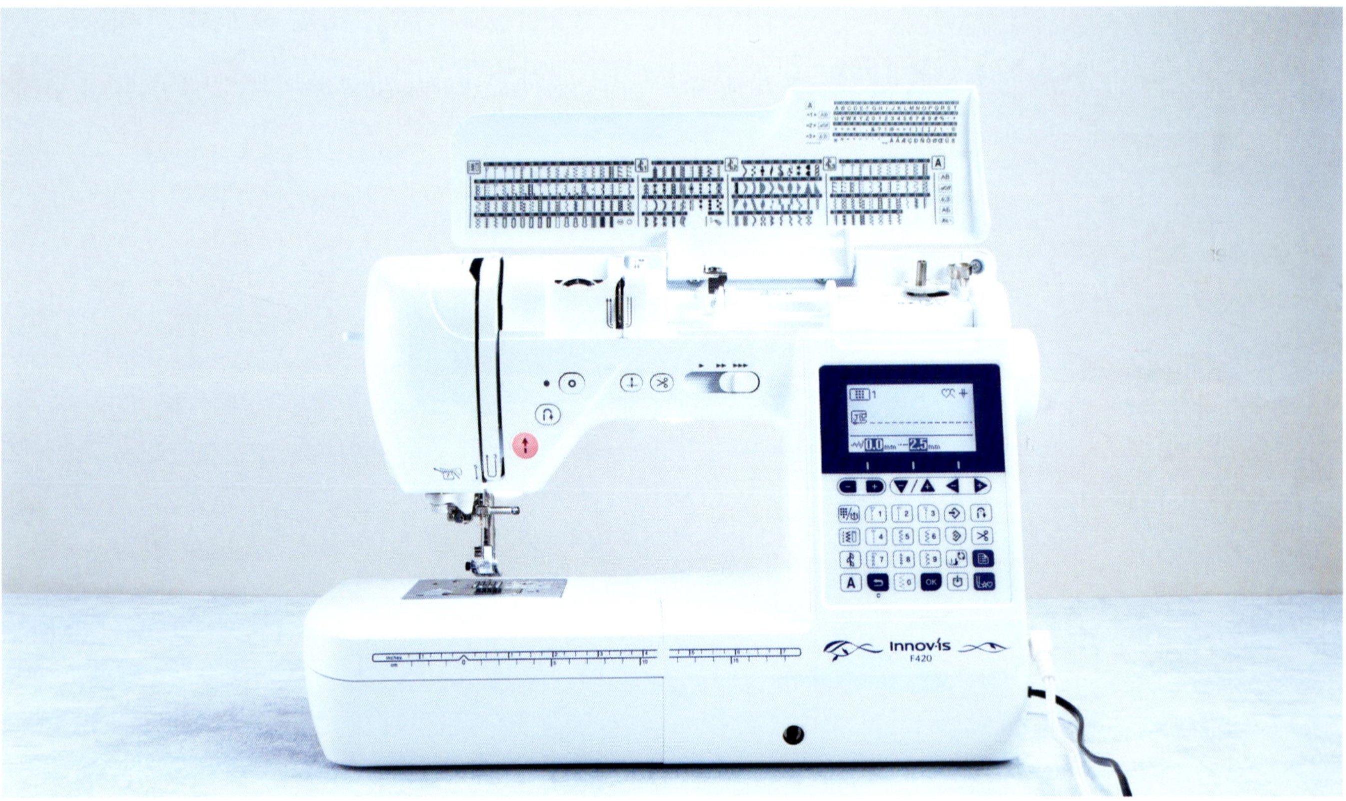

GEEIGNETE STICHARTEN

Prinzipiell solltest du beim Nähen von Jersey einen elastischen Stich verwenden. Damit ist garantiert, dass sich die Naht mit dem Stoff mitdehnt. Zudem musst du Jerseystoff nicht versäubern. Wenn du das trotzdem möchtest, kannst du die Kanten mit einem sehr breiten, mitelllangen Zickzackstich abnähen. Meist gibt es hierfür auf der Nähmaschine aber auch Stiche, die einen Overlockstich simulieren. Auch damit kannst du deine Nähte versäubern.

Am einfachsten ist es, wenn du deine Jerseynaht mit einem **Zickzackstich** schließt. Wähle dafür eine normale Stichlänge und stelle die Stichbreite auf 0,5 bis 1,5. Je schmaler der Zickzackstich eingestellt ist, desto weniger dehnbar ist die Naht.

Folgende Stiche kannst du neben dem klassischen Zickzackstich für Jersey verwenden:

Beim **Stretchstich/Elastikstich** besteht die Naht aus versetzten schrägen Strichen und bleibt dadurch elastisch. Dieser Stich funktioniert sehr gut, lässt sich allerdings schwer auftrennen und näht sich relativ langsam.

Der **3-fach-Geradstich** ist auch relativ schwer aufzutrennen und daher enorm reißfest. Er eignet sich für Nähte, die besonders lang halten sollen und starker Belastung ausgesetzt sind.

Der **3-geteilte Zickzackstich** ist sehr gut dehnbar und eignet sich gut zum Absteppen von Nähten wie etwa am Saum oder an einem Beleg. Auch mit diesem Stich, kurz und schmal eingestellt, können die einzelnen Teile gut zusammengenäht werden.

Natürlich kann für das Nähen von Jersey auch die **Zwillingsnadel** verwendet werden. Alle Infos und Tipps zur Zwillingsnadel findest du auf Seite 8.

Der **Geradstich** kann überall da eingesetzt werden, wo kein „Zug" bzw. keine Dehnbarkeit notwendig ist. Zum Beispiel für das Annähen und Absteppen von Taschen sowie das Absteppen von Bündchen.

Wie bereits oben erwähnt, gibt es bei vielen Haushaltsnähmaschinen auch eigene **Overlockstiche**. Diese können ganz einfach zum Versäubern, Zusammennähen oder Absteppen einer Ziernaht im Ausschnitt- oder Saumbereich verwendet werden.

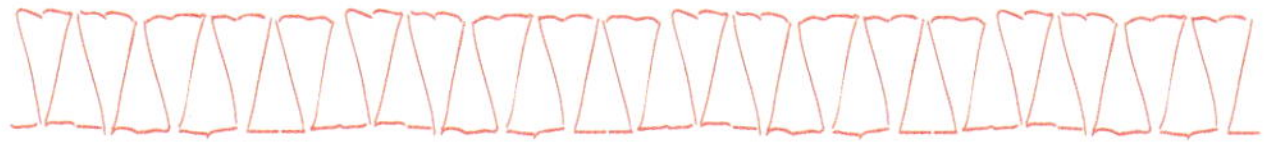

Weitere **dehnbare Ziersticheh**, wie etwa der Hexenstich, Federstich und der Wabenstich, eignen sich zum Beispiel zum Säumen oder für dekorative Akzente.

Jersey nähen mit der OVERLOCK

Bei der Verarbeitung von Jersey ist eine Overlock empfehlenswert. Damit erzeugst du professionell aussehende Nähte und verarbeitest zugleich das dehnbare Material optimal.

DIE WICHTIGSTEN BEGRIFFE

Greifer, Nadeln und Messer

Eine Overlockmaschine dient dazu, den Stoff zusammenzunähen, zu versäubern und abzuschneiden. Dafür hat die Overlockmaschine ein Messer integriert, das die Nahtzugaben während des Nähens sauber abschneidet.

Zwei Greifer (Obergreifer und Untergreifer) führen die Fäden anstelle von Spulen. Diese Fäden umschlingen und versäubern den Stoff. Zwei Nadeln mit Nadelfäden bilden die Stiche.

Stichlänge

Wie bei der Haushaltsnähmaschine kann auch bei der Overlockmaschine die Stichlänge, also der Abstand zwischen zwei Nadeleinstichen, eingestellt werden. Dabei gilt grundsätzlich: Leichte, dünne Stoffe werden mit kürzeren und schmaleren Stichen genäht, bei dickeren und schwereren Stoffen eignet sich eine große Stichlänge besser. Für normales Überwendlichnähen verwende am besten eine Einstellung im Bereich 2 bis 3.

Fadenspannung

Das Garn läuft vom Garnrollenhalter durch die Spannungsscheiben, mit denen man jedes Garn einzeln spannen kann. In der Regel kann man sich auf die Standardeinstellung verlassen. Bei einigen Stoffen empfiehlt es sich aber, die Spannungen der Greifer oder die der Nadeln etwas zu lösen oder fester zu stellen. Genaue Hinweise dazu liefert die Bedienungsanleitung deiner Overlockmaschine.

Differenzialtransport

Die meisten Overlockmaschinen haben einen Differenzialtransport. Dieser besteht aus zwei Transportplatten unter dem Nähfuß: einer vorderen und einer hinteren. In der Standardeinstellung (1) arbeiten beide Transporteure gleich schnell. Ist das Differenzial kleiner eingestellt (0,7–1), arbeitet der hintere Transporteur schneller als der vordere. Dadurch wird der Stoff beim Nähen etwas gedehnt. Ein welliges Nahtbild entsteht. Dies ist teilweise gewollt, z. B. beim Rollsaum. Wird das Differenzial größer eingestellt (1–2), arbeitet der hintere Transporteur langsamer als der vordere. Dadurch wird der Stoff etwas eingehalten und somit z. B. auch feiner Viskosestoff ohne Wellen genäht.

HÄUFIG VERWENDETE OVERLOCKSTICHE

Der **4-Faden-Overlockstich** wird zum Versäubern und Zusammennähen verwendet. Hier werden beide Nadeln und beide Greifer genutzt. Der Stich erzielt belastbare Overlocknähte und ist sehr gut geeignet für viel strapazierte Kleidung.

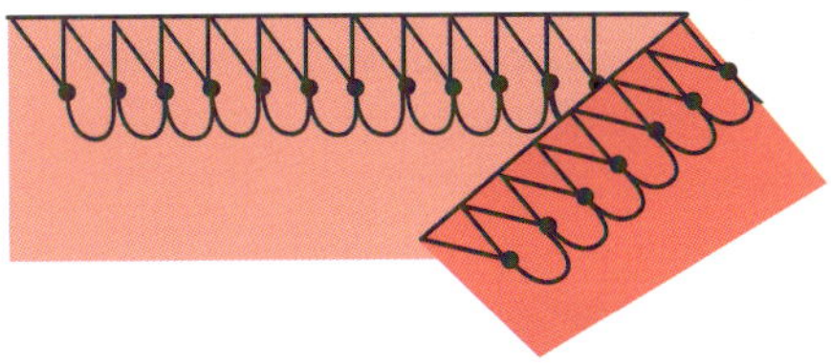

Der **3-Faden-Overlockstich** ist besonders zum Versäubern geeignet, kann aber, vor allem bei nicht stark belasteten Nähten, auch zum Zusammennähen verwendet werden. Hier wird nur eine Nadel genutzt und somit ein Garn eingespart. Je nachdem, ob die rechte oder linke Nadel verwendet wird, entsteht eine schmalere oder breitere Naht.

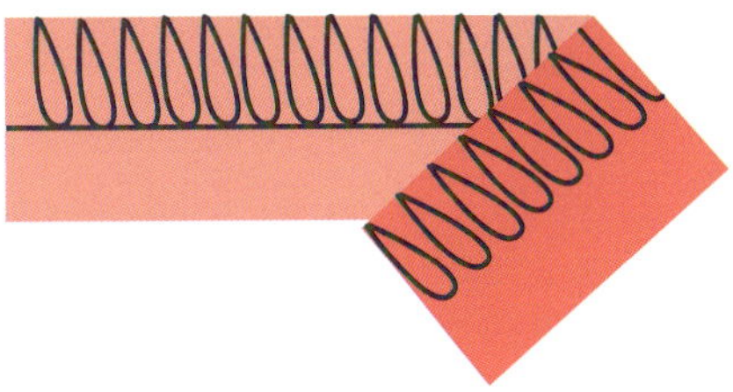

Der **3-Faden-Rollsaum** wird zum Säumen verwendet, es entsteht ein dekorativer Kantenabschluss. Hier wird nur eine Nadel genutzt. Wenn der Differenzialtransport auf unter 1 eingestellt wird, ergibt sich ein welliger Saum.

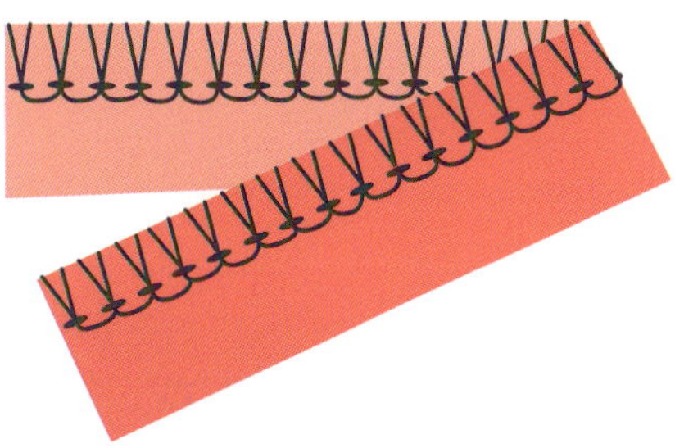

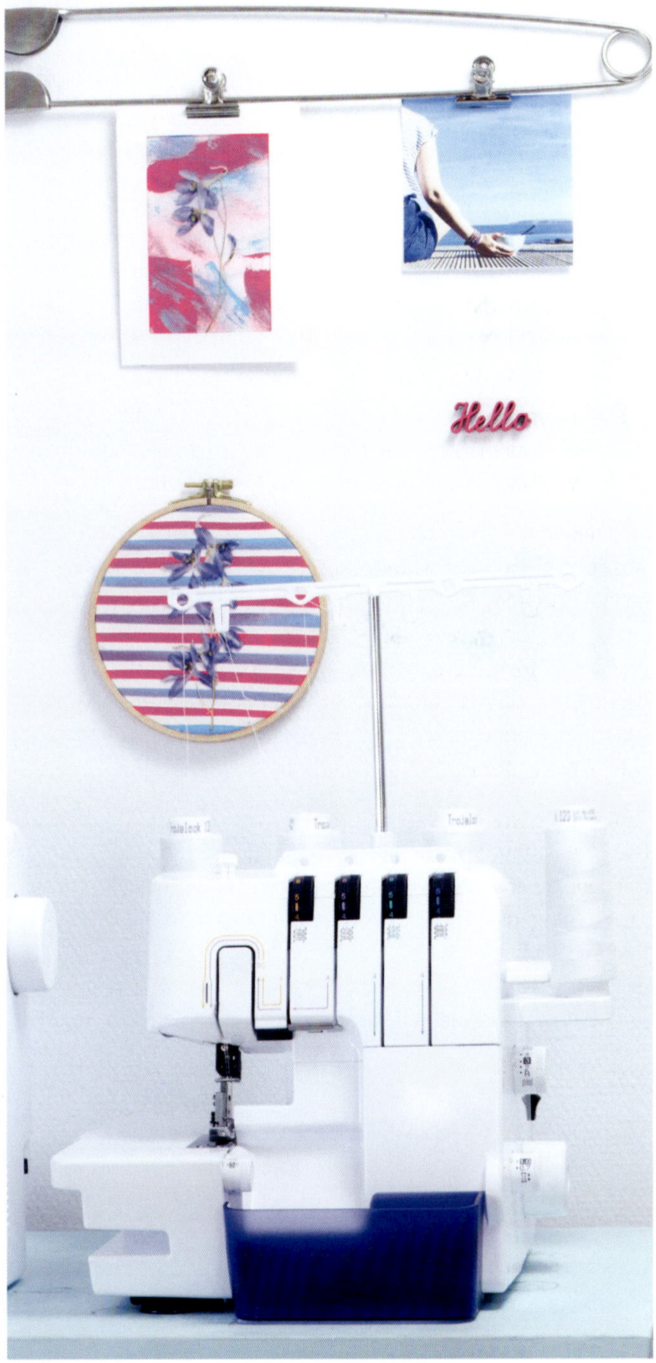

Grund-ANLEITUNGEN

SÄUME

Offenkantiger Saum
Da Jersey nicht „aufribbelt", brauchst du den Saum nicht zu versäubern. Schlage den Saum um die gewünschte Länge um (bei den Projekten in diesem Buch: 2 cm), bügle ihn und stecke ihn fest. Steppe nun von rechts den Saum ab.

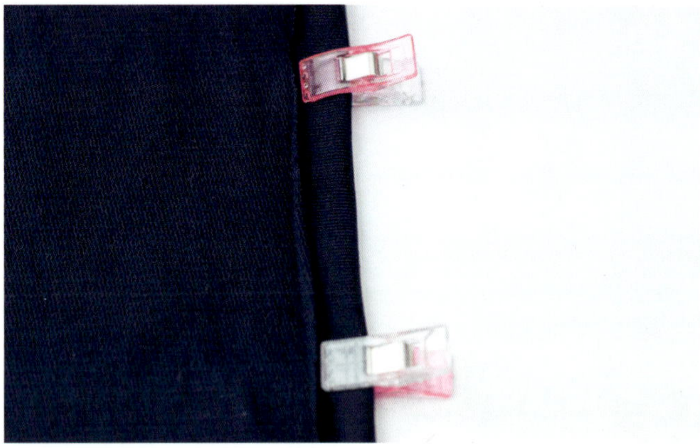

Eingeschlagener Saum
Bügle den Saum 1 cm nach innen. Schlage nun den restlichen 1 cm des Saums ein und bügle nochmals. Steppe den Saum knappkantig von rechts ab.

Fakesaum/faules Bündchen

1. Schlage den Saum um das im Schnittmuster eingezeichnete Maß nach oben, falte ihn also rechts auf rechts auf den Ärmel.

2. Die Hälfte davon schlägst du wieder zurück.

3. Stecke die Naht fest.

4. Nähe einmal mit elastischem Stich rundherum, klappe den Saum um und bügle ihn.

BRUSTABNÄHER

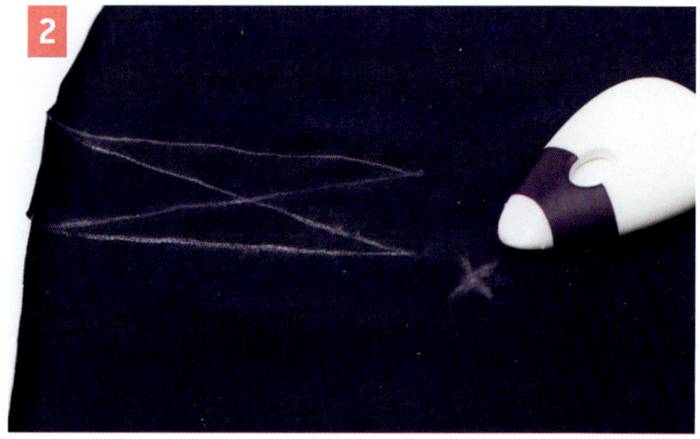

1. Übertrage die Brustabnäher mit Kreide oder einem Trickmarker auf die linke Seite des Stoffes.
2. Möchtest du die Brustabnäher anpassen, ermittelst du zuerst deinen Brustpunkt. Halte dir das Vorderteil genau an. Markiere die Mitte deiner Brust, also den Brustpunkt, auf dem Schnittteil. Zeichne den Abnäher neu ein. Er beginnt an der gleichen Stelle wie der ursprüngliche Abnäher und endet ca. 3 cm vor dem Brustpunkt.

3. Lege die Abnäher rechts auf rechts aufeinander, sodass die Knipse genau übereinanderliegen. Stecke nun die Abnäher, beginnend an der Spitze, mit Nadeln ab.
4. Nähe von den Knipsen (Außenkante) mit einem Geradstich bis hin zur Spitze. Das Nahtende (Spitze des Abnähers) wird nicht verriegelt, sondern verknotet. Zuletzt bügle die Abnäher.

GRUNDANLEITUNG KLEID NÄHEN

1. Lege Vorderteil und Rückenteil rechts auf rechts aufeinander. Stecke die Schulternähte zusammen und nähe sie mit einem Overlockstich.

2. Klappe Vorder- und Rückteil auseinander, mit der rechten Seite nach oben. Lege den Ärmel rechts auf rechts auf den Armausschnitt. Die Knipse (Markierungen) von Ärmel, Vorderteil und Rückteil sollten beim Stecken des Ärmels übereinstimmen.

3. Stecke die Ärmel mit einigen Nadeln oder Klammern fest und nähe sie anschließend an.

4. Klappe das Rückteil auf das Vorderteil und stecke Seiten- und Ärmelnähte fest. Dabei liegen die Teile rechts auf rechts. Achte darauf, dass die Achselnähte genau übereinanderliegen. Anschließend nähst du Ärmelnähte und Seitennähte in einem Rutsch zusammen. Nimm dafür einen dehnbaren Stich.

V-AUSSCHNITT NÄHEN

1. Verstärke den V-Ausschnitt am Vorderteil mit einem Stückchen Vlieseline, z. B. G 785. Achte darauf, dass die Vlieseline nicht größer als die gewählte Nahtzugabe deines Ausschnitts ist. Schneide die Spitze ganz vorsichtig und nicht weiter als 5 mm ein.

2. Falte das Bündchen rechts auf rechts und zeichne dir entlang des V die Nahtzugabe von 0,5 cm an. Nähe das V mit einem Geradstich. Schneide die Nahtzugabe in der Mitte vorsichtig ein. Bügle die Nahtzugaben auseinander.

3. Falte das Bündchen links auf links. Kürze die überstehenden Nahtzugaben. Stecke das V rechts auf rechts auf das Vorderteil und nähe es fest. Lass an der Spitze die Nadel stecken, hebe den Nähfuß an, drehe den Stoff, senke den Nähfuß wieder und nähe weiter.

4. Nach der Fixierung des V-Ausschnitts in der Mitte steckst du das Bündchen entlang der Kante weiter rechts auf rechts fest. Achte darauf, dass die hintere Mitte des Ausschnittbündchens auf die Mitte des Rückteils trifft.

5. Jetzt kannst du mit dem Festnähen beginnen. Starte beim V und nähe das Ausschnittbündchen mit einer Nahtzugabe von 0,8 cm entlang der Ausschnittkante fest. Verwende eine Overlockmaschine oder eine elastische Naht auf deiner Nähmaschine.

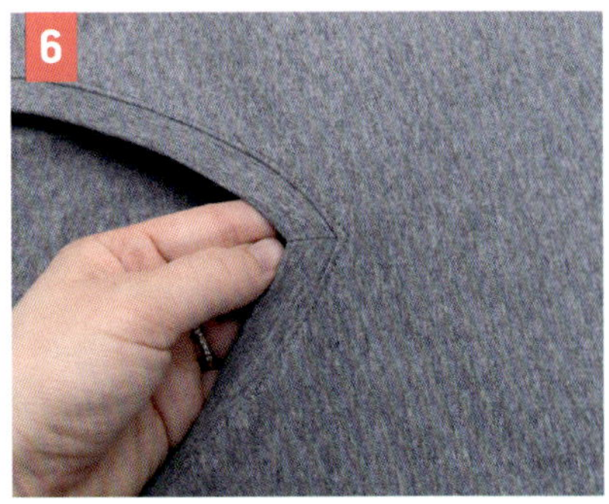

6. Bügle die Nahtzugabe gut aus. Nach dem Bügeln kannst du den V-Ausschnitt noch knappkantig von rechts absteppen.

HALSBÜNDCHEN NÄHEN

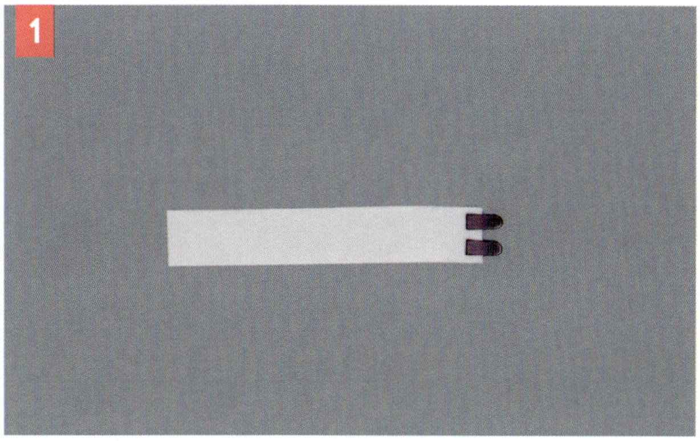

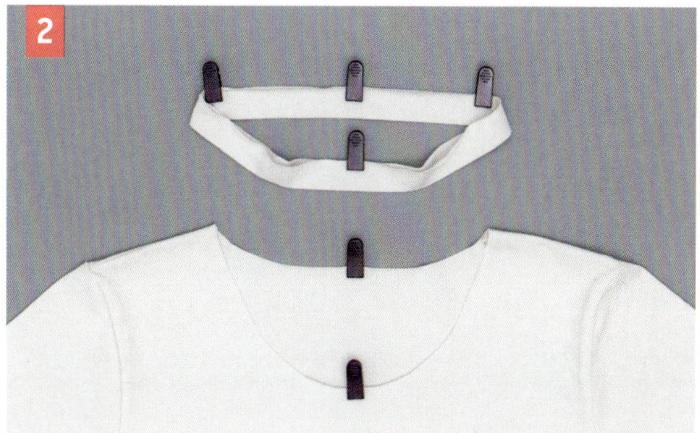

1. Lege das Bündchen rechts auf rechts zusammen und steppe es an der kurzen Seite mit einem elastischen Stich ab. So wird es zu einem Ring geschlossen.

2. Klappe das Bündchen – die linke Seite liegt innen – entlang der langen Seite zusammen. Markiere dir die Knipse vom Schnittmuster oder teile das Bündchen in vier gleich große Abschnitte. Markiere dir auch am Shirt die vordere und hintere Mitte. Bei einer Hose ist die vordere und hintere Mitte durch die Naht gekennzeichnet.

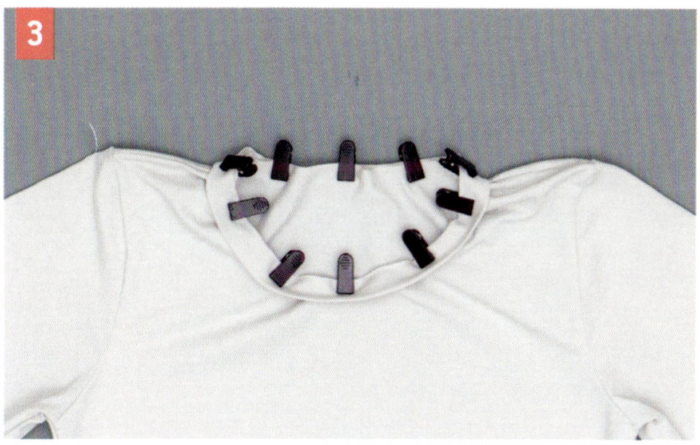

3. Stecke nun das Bündchen rechts auf rechts auf den Ausschnitt. Die offenen Kanten liegen aufeinander. Stecke zuerst die vier Markierungen fest, die Naht des Halsbündchens liegt in der Schulternaht. Dehne das Halsbündchen gleichmäßig.

4. Nähe das Halsbündchen dann ausgehend vom Vorderteil (damit Anfang und Ende der Naht von vorn nicht sichtbar sind) gleichmäßig gedehnt mit einer Versäuberungsnaht an den Halsausschnitt. Bügle die Naht gut aus und steppe die Nahtzugabe nach Belieben noch mit einer elastischen Naht oder Ziernaht von rechts fest.

BELEG NÄHEN

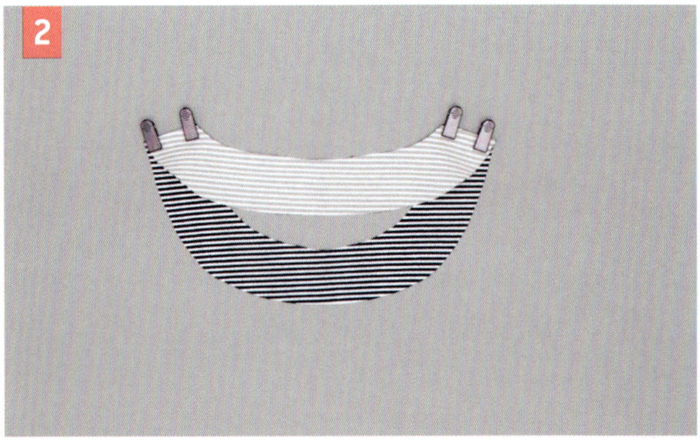

1. Zuerst wird der Beleg verstärkt. Schneide den Oberstoff und die Bügeleinlage grob zu. Es ist wichtig, erst nach Aufbügeln der Einlage den Feinschnitt zu machen, da die Vlieseline den Stoff zusammenziehen kann. Bügle die Einlage auf. Wenn der Beleg abgekühlt ist, legst du das Schnittmuster auf und schneidest den Beleg genau zu.

2. Lege die Schulternähte des Belegs rechts auf rechts und schließe sie mit einem Zickzackstich. Versäubere die untere Kante deines Belegs von rechts mit einer Versäuberungsnaht. Da Jersey nicht ausfranst, ist das zwar nicht zwingend notwendig, es wirkt dadurch aber hochwertiger.

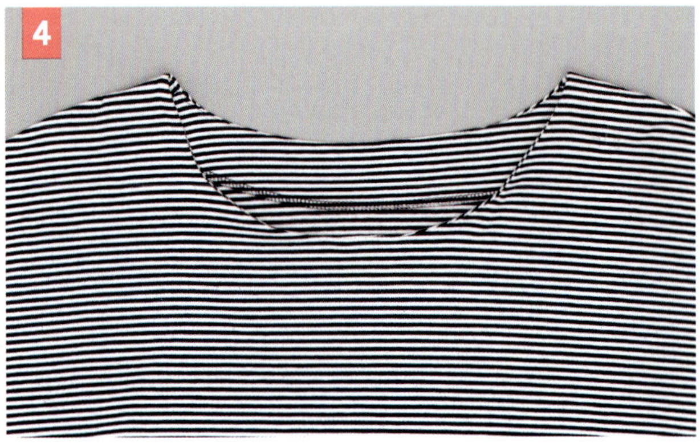

3. Lege den Beleg rechts auf rechts an den Halsausschnitt. Die offenen Kanten treffen dabei aufeinander. Achte darauf, dass die Schulternähte des Belegs genau auf den Schulternähten des Kleidungsstücks liegen. Nähe den Beleg ringsum mit einem Versäuberungsstich fest.

4. Wende den Beleg nach innen und bügle die Kante so um, dass die Nahtlinie im Kleidungsstück innen liegt. Du kannst den Beleg ganz knapp neben der genähten Naht in der Nahtzugabe feststeppen. Eine weitere Möglichkeit, den Beleg zu fixieren, ist von außen mit einer Ziernaht oder mit ein paar Handstichen entlang der Schulternaht.

HÜFTBÜNDCHEN

Du kannst die Unterkante des T-Shirts gut mit einem Bündchen abschließen. Dieses zieht das T-Shirt unten etwas zusammen, da es gedehnt angenäht wird. Hüftbündchen sind meist höher als Halsbündchen – je nach Wunsch 4–6 cm hoch. Dadurch wird das T-Shirt etwas länger als im Schnittmuster vorgesehen. Bei sehr hohen Bündchen kürze das T-Shirt vorher um die Länge des fertigen Bündchens, damit die Gesamtlänge wieder stimmt. Füge dann noch Nahtzugaben, aber keine Saumzugaben hinzu.

Ein Hüftbündchen nähst du im Prinzip mit der gleichen Methode an wie ein Halsbündchen. Dabei beachte folgende Besonderheiten:

- Du kannst das Hüftbündchen als einen durchgehenden Streifen zuschneiden, der mit nur einer Naht zum Ring geschlossen wird. Alternativ (z.B. wenn dein Stoff dafür nicht breit genug ist) kannst du das Bündchen auch aus zwei Teilen zuschneiden, die dann jeweils an den Seiten zusammengenäht werden.
- Schneide den oder die Bündchenstreifen in der doppelten Höhe der gewünschten fertigen Höhe aus Bündchenware oder dem Jersey deines T-Shirts zu. Für die Länge des Bündchens miss die Strecke des Saums ab und multipliziere das Maß mit 0,85 bis 0,9. Vergiss nicht die seitlichen Nahtzugaben.
- Wenn dein Bündchen aus einem Streifen zugeschnitten ist, sollte die Naht, mit der du es zum Ring geschlossen hast, beim T-Shirt in der hinteren Mitte liegen. Bei einem aus zwei Streifen zusammengenähten Bündchen treffen die Bündchennähte auf die Seitennähte des Shirts.

ÄRMELBÜNDCHEN

Ärmelbündchen werden im Prinzip mit der gleichen Methode angenäht wie Halsbündchen. Beachte aber ein paar Besonderheiten.

- Auf dem Schnittmusterbogen findest du mittelhohe Ärmelbündchen für die Abschlüsse an den -Ärmeln und an langen Ärmeln. Wenn du sie verwendest, kürze die Ärmel beim Zuschneiden auf Höhe der am Papierschnitt gekennzeichneten Linien.
- Die Bündchenhöhe kannst du auch nach deinen Wünschen anpassen. Kürze das Schnittteil für den Ärmel dann nicht an der eingetragenen Linie, sondern um das Maß der gewünschten Bündchenhöhe. An kurzen Ärmeln machen sich meist kürzere Bündchen mit einer fertigen Länge von 1–3 cm gut.
- Um die Maße für das Bündchen zu ermitteln, miss die Länge der so entstandenen Saumkante am Ärmel ab. Dieses Maß x 0,85–0,9 (+ Nahtzugaben) ergibt die Länge deines Bündchens. Die Höhe entspricht der doppelten gewünschten Höhe des fertigen Bündchens (+ Nahtzugaben).
- Du kannst die Ärmelbündchen an den Seitenkanten noch etwas zur Mittellinie hin abschrägen. Die Bündchen sind in der Mitte am schmalsten, an den Enden breiter. So werden die Bündchen nach unten hin etwas schmaler, was vor allem bei sehr langen Ärmelbündchen schön ist. Sieh dir dazu die Bündchen auf dem Schnittmusterbogen einmal an.

Achtung: Die ausgestellten Ärmel müssen an den Saumkanten erst gerafft werden, bevor du ein Bündchen annähst.

Alternative

Du kannst die Jerseystreifen auch links auf links auf den Saum stecken. Schließe sie vorher wieder zum Ring. Stecke hier dann erst den 3 cm hohen und dann den 2 cm hohen Streifen an. Nähe die Streifen mit der Overlock fest und klappe die Nahtzugabe dann nach vorn. Jetzt nähst du die Overlocknaht von der rechten Stoffseite auf der Ausschnittkante fest. So hast du eine Coverlocknaht simuliert.

ROLLBÜNDCHEN

1

2

1. Schneide einen Jerseystreifen in 2 cm Höhe zu und einen weiteren in 3 cm Höhe. Die Länge wird wie folgt berechnet: Umfang deines Saums x 0,9 plus Nahtzugabe. Schließe die Streifen jeweils an den kurzen Enden zum Ring.

2. Stecke den 2 cm hohen Streifen kantenbündig rechts auf rechts auf deinen Saum, hier ist es ein Ärmelsaum. Die Naht liegt über einer der Seitennähte. Den Jerseystreifen musst du dehnen. Eventuell kannst du ihn auch mit einer Heftnaht fixieren.

3

4

3. Stecke als Nächstes den 3 cm hohen Streifen mit der rechten Stoffseite nach unten darauf, dieser wird ebenfalls ein wenig gedehnt, und nähe dann die offene Kante (es sind 3 Stofflagen) mit der Overlockmaschine zusammen.

4. Schlage jetzt die Jerseystreifen nach oben und bügle die Nahtzugabe vom Bündchen weg. Wenn gewünscht, kannst du sie auch von der rechten Seite absteppen. Durch Ziehen an den Jerseystreifen rollen sich die Kanten auf.

Tipp

Probiere dich mit Rüschen aus, indem du deine Projekte variierst. So kannst du z.B. deine Kleidsäume mit Rüschen verzieren.

RÜSCHEN NÄHEN

1. Schneide einen Stoffstreifen eineinhalb Mal so lang wie die zu vernähende Strecke zu. Du kannst auch die doppelte Stofflänge nehmen. Schließe die Seitennähte und versäubere die untere Kante, die zugleich die Saumkante ist, mit einem 3-Faden-Overlockstich oder steppe den Saum zweimal schmal um.

2. Schneide das Framilonband in der Länge der zu vernähenden Strecke zu. Markiere dir am Gummiband und am Stoffstreifen Viertelpunkte.

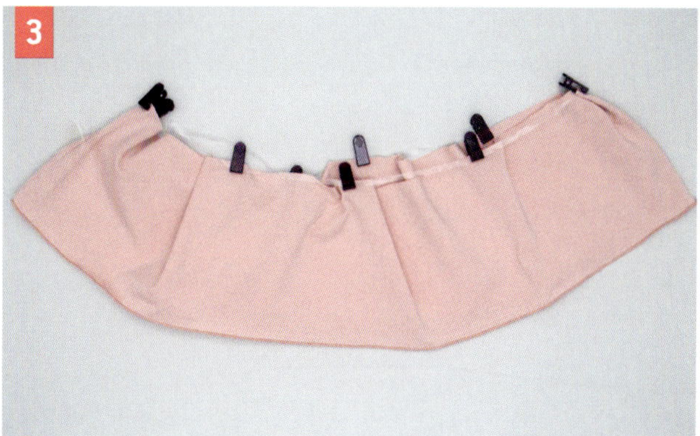

3. Fixiere das Framilonband an den markierten Stellen mit Stoffklammern auf deinem Stoffstreifen. Lege den Stoffstreifen mit dem Framilonband nach oben in die Nähmaschine. Nähe ein paar Stiche ungedehnt, um das Framilonband zu fixieren. Steppe dann das Framilonband unter Zug auf den Stoffstreifen. Wähle für das Festnähen einen schmalen Zickzackstich. Achte darauf, dass die Viertelpunkte aufeinandertreffen.

4. Lege den gekräuselten Stoffstreifen mit der Kante rechts auf rechts auf die offene Kante am Oberstoff. Nähe die Rüsche mit einem elastischen Stich auf den Oberstoff. Das Framilonband wird mitgenäht und bleibt im Kleidungsstück.

T-SHIRT ZUSAMMENNÄHEN

1. Lege das Rückteil rechts auf rechts auf das Vorderteil. Stecke und nähe die beiden Schnittteile an den Schultern zusammen. Die Nahtzugaben bügle zum Rückteil hin.

2. Wenn du ein T-Shirt mit Puffärmeln nähst, musst du diese erst einkräuseln, bis sie in die Armausschnitte passen. Wie du sie einkräuselst, findest du auf Seite 34. Wenn du ein ärmelloses T-Shirt nähst, mache direkt mit Schritt 5 weiter, sonst mit Schritt 3.

3. Klappe die zusammengenähten Schnittteile auseinander, die rechte Seite liegt oben. Stecke das Ärmelschnittteil rechts auf rechts an den Armausschnitt, zunächst die Ärmelmitte auf die Schulternaht, dann die Ärmelpasszeichen aufeinander, dann den Rest.

4. Jetzt nähst du den Ärmel an, die Nahtzugabe bügelst du zu Vorder- und Rückteil hin.

5. Stecke nun dein T-Shirt so zusammen, dass Vorder- und Rückteil rechts auf rechts liegen. Du kannst jetzt die Seitennähte und die Ärmelnähte links und rechts mit einer durchgehenden Naht schließen.

Tipp

Kleiner Trick, um eine Overlocknaht aufzutrennen: Schneide die Fäden weg, die die Schnittkante einfassen. Ziehe vorsichtig die Fäden heraus und die Naht löst sich.

EINFASSEN MIT JERSEYSTREIFEN

1. Nähe den Einfassstreifen mit einem elastischen Stich zum Ring zusammen. Stecke ihn rechts auf rechts mit der Naht über die hintere Mitte und dann gleichmäßig gedehnt am Halsausschnitt fest. Nähe den Streifen in ¼ der Breite des Einfassstreifens fest.

2. Falte den Einfassstreifen über den Halsausschnitt nach hinten zur linken Stoffseite. Wende dann.

3. Jetzt schlägst du den Einfassstreifen nach innen ein, sodass die offene Kante auf die Halsausschnittkante trifft. Die gefaltete Außenkante des Jerseystreifens liegt nun über der Naht, mit der er auf der rechten Stoffseite des T-Shirts befestigt ist.

4. Stecke den Einfassstreifen auf diese Weise rundherum fest und nähe ihn dann von der rechten Stoffseite her knappkantig fest. Dafür benutze wieder einen Zickzackstich mit kleiner Stichbreite oder einen elastischen Geradstich.

5. So sieht die Einfassung von der Rückseite aus – die Ausschnittkante ist überall sauber verdeckt.

Alternative

Du kannst den Einfassstreifen nach Schritt 2. auch nicht einschlagen, sondern auf der linken Stoffseite 2 cm überstehen lassen. Nähe den Streifen von der rechten Seite fest und schneide dann auf der linken Stoffseite den überstehenden Stoff (ca. 1 cm) direkt neben der Naht ab. Bei dieser Methode wird die Einfassung, weil nur drei anstelle von vier Stofflagen aufeinandertreffen, weniger dick.

RAFFEN/KRÄUSELN MIT FRAMILONBAND

1. Markiere den zu raffenden Bereich auf der linken Stoffseite. Schneide das Framilonband in der gewünschten Länge (Breite nach Raffung + 2 cm Nahtzugabe) zu und stecke es mit 1 cm Abstand zu den Markierungen fest, d. h., das Band beginnt 1 cm vor der ersten Markierung.
2. Der erste Zentimeter – also die Nahtzugabe – wird ungedehnt angenäht. Nähe ab der Markierung das Framilonband gedehnt mit dem Zickzackstich fest. Nach Ende der Markierung nähst das Framilonband nochmals 1 cm ungedehnt fest.

RAFFEN/KRÄUSELN MIT ZWEI FÄDEN

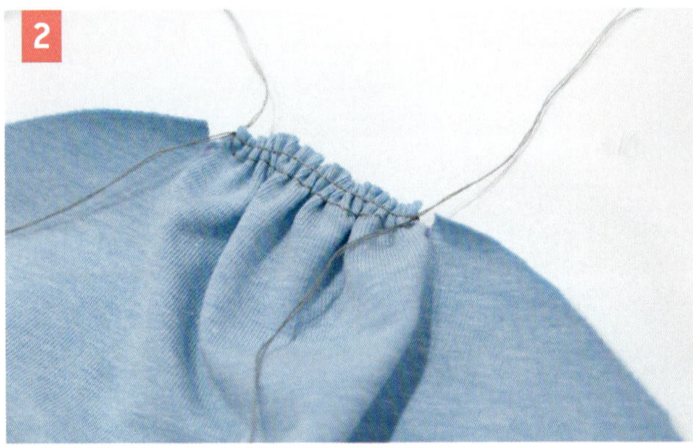

1. Markiere den zu raffenden Bereich auf der Nahtzugabe des Stoffs (ob rechte oder linke Stoffseite ist dabei egal). Nähe mit der Haushaltsnähmaschine zwei parallele Nähte innerhalb der Nahtzugabe mit dem längsten Geradstich. Die Enden werden dabei nicht verriegelt. Verknote die Fäden nun zuerst auf einer Seite und ziehe dann an der anderen Seite am oberen Faden, bis die Raffung der gewünschten Breite entspricht.
2. Verknote nun auch die anderen Enden und verteile die Raffung gleichmäßig.

APPLIZIEREN

1. Zeichne das gewünschte Motiv zuerst auf die Papierseite des Klebevlieses. Achte darauf, Buchstaben, Zahlen und Motive spiegelverkehrt aufzuzeichnen. Bügle die beschichtete Seite des Klebevlieses auf die linke Seite des Applikations-Stoffs und schneide das Motiv anschließend aus.

2. Ziehe das Papier vom Klebevlies ab und platziere das Motiv bzw. dessen Einzelteile an der gewünschten Stelle deines T-Shirts. Durch Bügeln (meist mit einem dazwischengelegten feuchten Tuch – achte auf die Hersteller-anweisung deines Klebevlieses) wird die Applikation auf dem Stoff fixiert.

3. Zum Schluss näh das Motiv rundherum fest. Dafür kannst du einen Zickzackstich verwenden – achte darauf, dass die Nadel links in den Stoff des Motivs einsticht, rechts knapp neben der Stoffkante. Alternativ kannst du sie auch mit einem Geradstich annähen, dann fransen die Ränder des Motivs mit der Zeit aus.

Tipp

Bei mehrteiligen Applikationen bzw. solchen, bei denen Applikationsteile einander überlappen, bügle und nähe die Teile einzeln und nacheinander auf.

ÖSEN

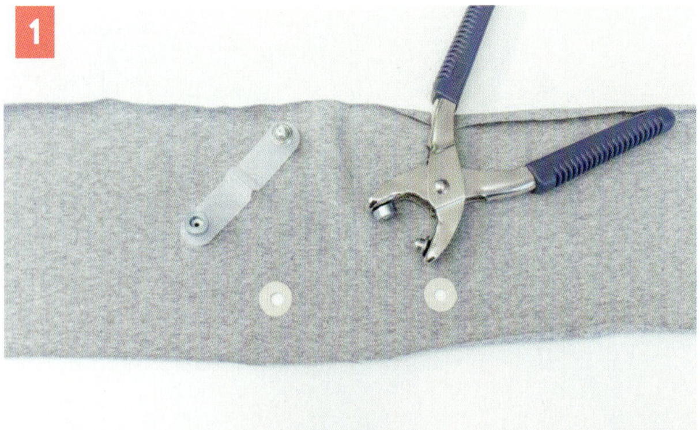

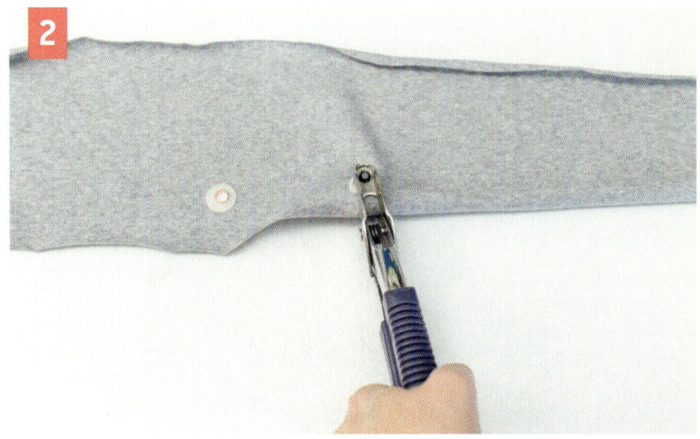

1. Markiere die Stelle wo die Öse sitzen soll auf der linken Stoffseite. Verstärke diesen Bereich mit einem kleinen Vliesquadrat oder einem Wonderdot. Setze nun das Schneidewerkzeug in den Einsatz oder in die Zange ein. Stanze damit genau mittig das Loch für die Öse hinein.
2. Setze die Öse in das Loch ein. Die Außenrundung sitzt auf der rechten Stoffseite. Auf der linken Seite wird der Ring auf den Ösenhals geschoben. Die Wölbung des Rings liegt dabei oben. Setze die Press-Werkzeuge in die Zange ein. Lege die Ösenteile ein und drücke oder schlage sie dann kräftig ein.

FAKE-COVERNAHT

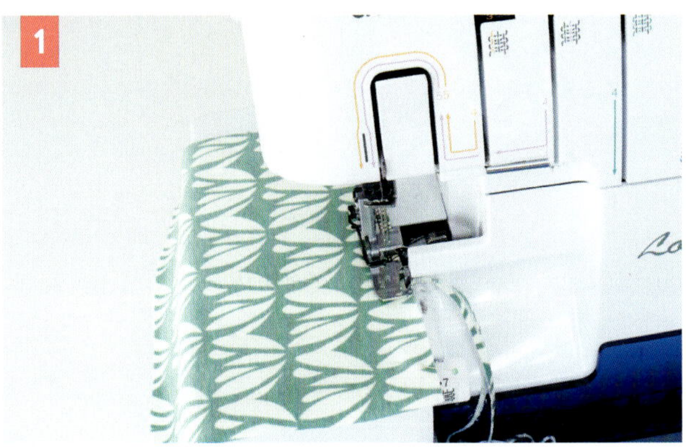

Eine schöne Sache, um mit farblich abgesetzten Nähten coole Akzente zu setzen.

1. Lege die Stoffe links auf links und nähe sie mit der Overlockmaschine zusammen.
2. Nähe die sichtbare Overlocknaht knappkantig mit der Haushaltsnähmaschine fest.

MATRATZENSTICH

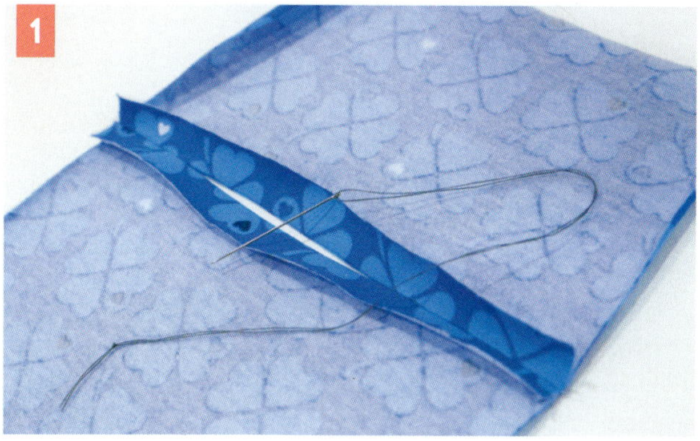

Der Matratzenstich dient dem unsichtbaren Schließen von Wendeöffnungen.

1. Bügle zuerst die Nahtzugaben der Wendeöffnung zur linken Stoffseite um und fädle Garn in eine Handnähnadel ein. Lege das Garn dabei doppelt und verknote die Enden mit einem Doppelknoten.

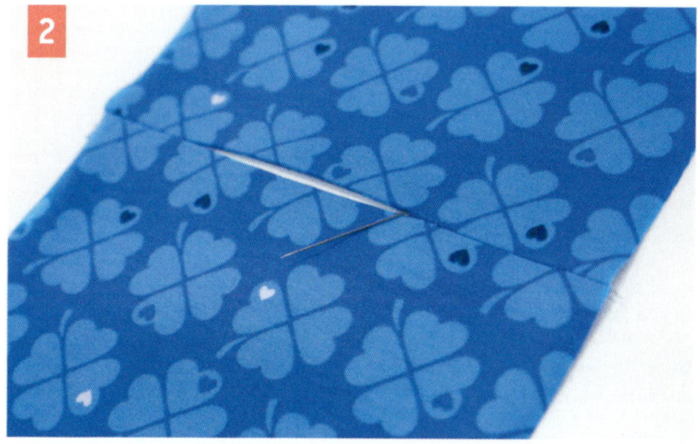

2. Stecke die Nadel von der linken Stoffseite auf einer Seite deiner Wendeöffnung genau in den Bügelfalz ein, führe sie etwa 5 mm weiter und steche auch genau im Falz wieder nach außen.

3. Stecke exakt gegenüber in den anderen Bügelfalz ein und wiederhole den Vorgang. Wieder verknoten.

BIESENBAND VERARBEITEN

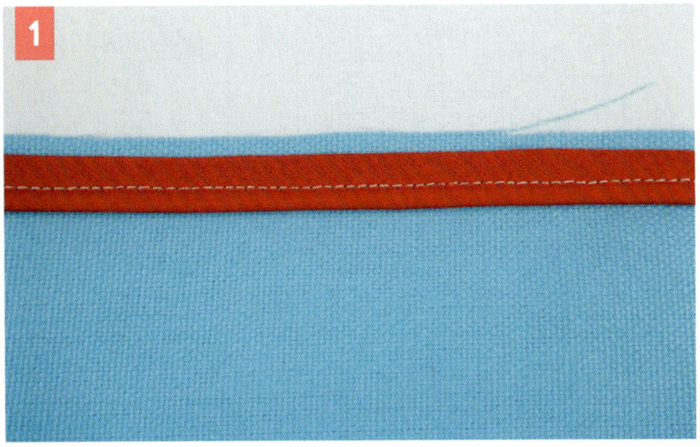

1. Zum Annähen von einem Biesenband benötigt ihr einen Reißverschlussfuß oder einen halben Nähfuß. Zuerst wird das Band nur auf eine Seite der Naht gesteckt. Darauf achten, dass der Abstand zwischen der Kante und der Naht am Biesenband der Nahtzugabe entspricht. Jetzt das Biesenband in dieser Naht auf den Stoff nähen.
2. Im nächsten Schritt wird das andere Schnittteil rechts auf rechts auf das erste gesteckt.

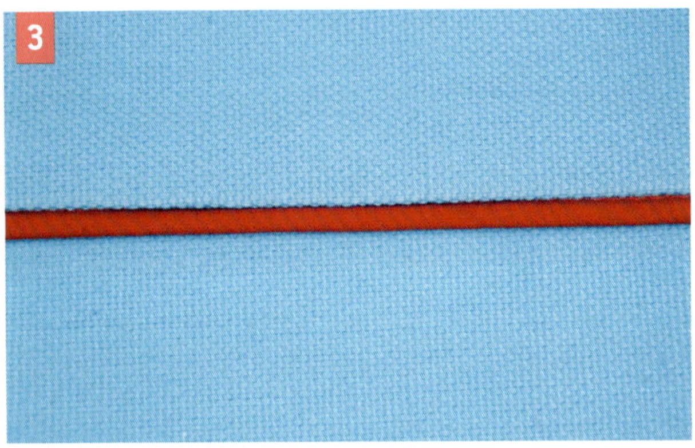

3. Am besten geht es, wenn das Teil mit der Biese oben liegt, denn dann kann ich einfach in der alten Naht nähen und treffe die Biese somit genau. Wenn ihr nun die Teile auseinanderklappt, liegt die Biese präzise in der Naht.

Gut zu wissen

Biesenband (auch Paspelband genannt) ist ein der Länge nach gefalteter Stoffstreifen. Im Knick befindet sich eine festgenähte schmale Kordel. Wenn man Biesenband bei einem Kleidungsstück verarbeitet hat, sieht man dort später nur noch den runden Wulst in der Naht.

Tipp

Biesenbänder kannst du auch ganz vielseitig in deine Projekte einarbeiten. Ob im Ärmel oder am Saum – so setzt du gekonnt Akzente.

HOSENBUND

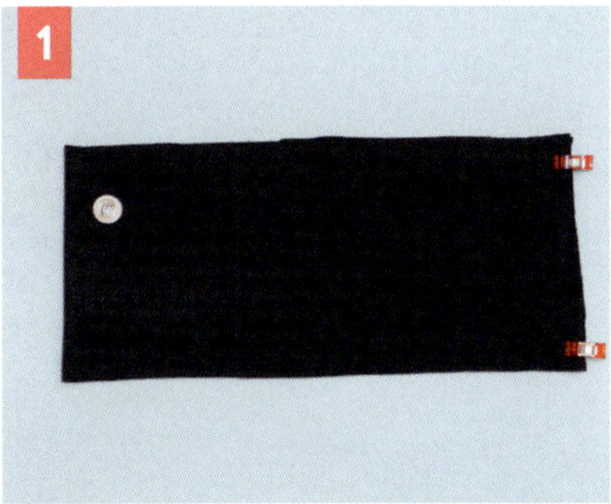

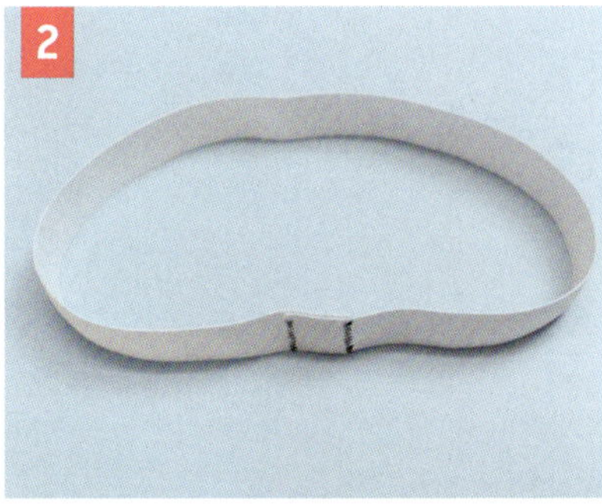

1. Das Hüftbündchen wird genäht: Arbeite die Ösen ein (siehe Seite 36). Lege das Bündchen an den Schmalseiten rechts auf rechts und schließe die Naht, am besten mit einem elastischen Stich der Nähmaschine.
2. Prüfe die Länge des Gummibands, indem du es leicht gedehnt um deine Hüfte legst. Schneide es passend zu und lege die Enden übereinander. Nähe sie mit Zickzackstich fest, achte darauf, dass das Band nicht verdreht ist.
3. Wende das Hüftbündchen nach rechts und falte es zur Hälfte (Kante liegt auf Kante). Schiebe den Gummibandring in das Bündchen, die hinteren Mitten (Nähte) sollten aufeinandertreffen.

4. Stecke das Hüftbündchen rechts auf rechts an den oberen Rand der Hose. Achte darauf, dass die Ösen vorne mittig sitzen. Nähe den Bund dann mit einem Versäuberungsstich an.
5. Zum Schluss ziehst du noch das Band mit einer Sicherheitsnadel in den Bund ein. Fertig!

PROJEKTE

Trägertop mit RAFFUNG

Größe 34-46

Material:

- Stretchjersey in Grau-Weiß-gestreift:
  Gr. 34–40: 70–75 cm
  Gr. 40–44: 75 cm
- 2 x elastisches Einfassband in Rosa:
  Maße siehe Tabelle
- Framilonband zum Raffen: 10 cm
- Elastische Spitzenborte in Grau:
  Gr. 34–40: 85–100 cm
  Gr. 40–44: 100–110 cm

Zuschnitt:

Aus Jersey

- 1 x Trägertop – Vorderteil (SB 1) im Bruch
- 1 x Trägertop – Rückteil (SB 1) im Bruch

	Trägerlänge	VT Hals	RT Hals
34	48,6 cm	19,8 cm	20,6 cm
36	50,4 cm	20,5 cm	21 cm
38	52,4 cm	21,2 cm	21,9 cm
40	54,4 cm	22,1 cm	22,7 cm
42	56,3 cm	23,3 cm	23,5 cm
44	58,7 cm	24,5 cm	24,4 cm

Los geht's

1. Zunächst nähst du oben mittig das Framilonband auf das Vorderteil (siehe Seite 34), um es zu raffen. Danach fasst du die Oberkante von Vorder- und Rückteil mit dem Gummiband (Länge siehe Tabelle) ein (siehe Seite 34).

2. Lege das Vorderteil rechts auf rechts auf das Rückteil und schließe zunächst eine Seite mit einem Zickzackstich. Falte das Top auseinander und nähe die elastische Spitze rechts auf rechts an die Saumkante. Verwende auch hierbei den Zickzackstich.

3. Lege das Top wieder rechts auf rechts und schließe die zweite noch offene Seitennaht mit einem Zickzackstich. Klappe dann die Nahtzugaben jeweils Richtung Rückteil und nähe sie an der Spitze von rechts fest, damit diese flach liegt.

4. Schließe die elastischen Einfassstreifen für Armausschnitt und Träger an den Schmalseiten rechts auf rechts zum Ring. Stecke die Ringe provisorisch an die Armausschnitte, um zu testen, ob die Länge für dich passend ist.

5. Wenn die Länge passt, steckst du das Band an den Armausschnitten fest: Lege es mittig um die Kanten, beginne dabei genau an der Seitennaht und lege das obere Bandende eingeschlagen über das untere. Nähe es dann jeweils in einem Arbeitsgang mit Zickzackstich fest, dabei wird das Band fortlaufend für die Träger gefaltet und zusammengenäht.

6. Befestige mit ein paar Stichen per Hand die kleine Schleife mittig über der Raffung.

Knopftop mit V-AUSSCHNITT

Größe 34 – 46

Material:

- Stretchjersey in Hellgrau: Gr. 34–44: 85 cm
- Stretchjersey in Rosa: 85 cm
- Vlieselinereste zum Verstärken
- 4 Kam-Snaps/Jersey-Druckknöpfe

Zuschnitt:

Aus Stretchjersey in Hellgrau
- 1 x Knopftop – Vorderteil (SB 1) im Bruch
- 1 x Knopftop – Rückteil (SB 1) im Bruch

Aus Stretchjersey in Rosa
- 1 x Knopftop – Halsstreifen (SB 1) im Bruch
- 2 x Knopftop – Armlochstreifen (SB 1)

Los geht's

1. Falte das Vorderteil im Bruch und schneide am Ausschnitt bis zur Markierung. Verstärke das Ende mit Vlieseline und schneide schräg 0,5 cm links und rechts ein, sodass ein Dreieck entsteht. Lege das Rückteil rechts auf rechts darauf und schließe die Schulternähte.

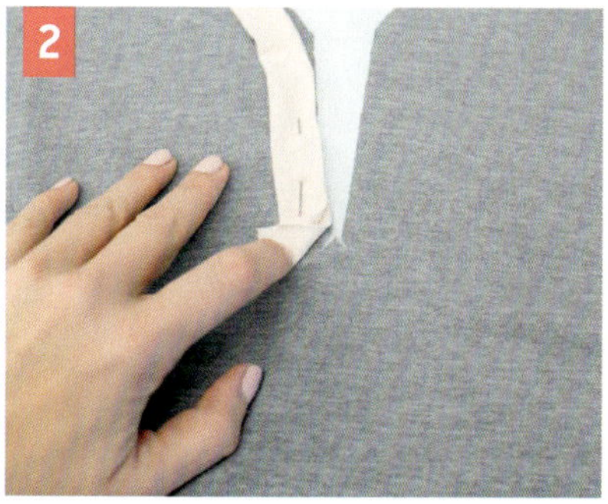

2. Falte den Halsstreifen der Länge nach links auf links und versäubere nach Belieben die offenen Kanten zusammen. Stecke den Streifen mit den Kanten bündig so an die Ausschnittkante, dass er am Einschnitt ein Stück übersteht.

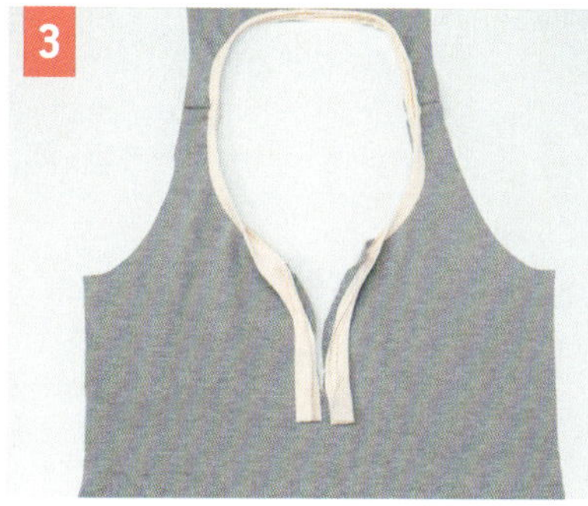

3. Befestige den Streifen nun ganz leicht gedehnt am Halsausschnitt. Im Bereich des Bogens soll der Streifen nicht gedehnt werden. Die Naht sollte exakt beim diagonalen Einschnitt beginnen und enden. Kürze den Streifen am Einschnittende auf die gleiche Länge.

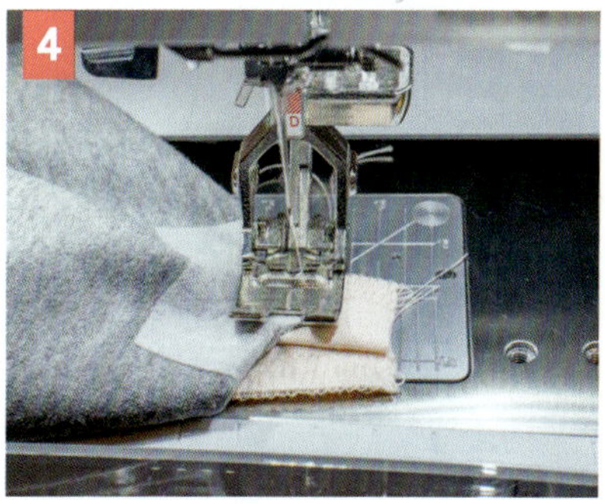

4. Schiebe die losen Enden des Streifens nun vorsichtig nach innen auf die linke Stoffseite, ebenso das kleine Stoffdreieck. Stecke die losen Enden und das Dreieck von links exakt übereinander und nähe sie nun direkt am Einschnitt mit einer kurzen Quernaht zusammen. Wenn du möchtest, kannst du die Enden noch einkürzen und versäubern.

5. Lege das Vorderteil rechts auf rechts auf das Rückteil und schließe jeweils die Seitennähte mit einem Versäuberungsstich. Fasse auch die Armausschnitte mit rosa Streifen ein (ähnlich wie den Halsausschnitt, siehe Seite 27) und nähe anschließend den Saum, indem du ihn gemäß der Nahtzugabe nach links umschlägst und mit einem Zickzackstich festnähst.

6. Zum Schluss werden die Druckknöpfe befestigt. Der Abstand dazwischen darf nicht zu groß sein. Du solltest auf jeden Fall Jersey-Druckknöpfe verwenden, um ein späteres Ausreißen zu vermeiden.

Tipp

Du kannst auch zwischen den Teilen des Kragens eine Paspel miteinfassen (siehe Seite 38). Für den Kragen kannst du auch andere dehnbare Stoffe verwenden, z. B. Samt.

T-Shirt mit BUBIKRAGEN

Größe 32 – 44

Material:

- einfarbigen Jersey: 80–100 cm
- kontrastfarbigen Jersey für den Bubikragen: ca. 35 cm
- Bündchenware oder Jersey für die Ärmelbündchen: 5–10 cm
- leichte bi-elastische Einlage, z. B. Vlieseline G 785: ca. 35 cm

Zuschnitt:

Aus Jersey in Rostrot

- je 1 x Shirt – Vorderteil und Shirt – Rückteil (in zwei Teilen) mit Rundhalsausschnitt und geradem Saum, am Halsausschnitt mit Nahtzugabe, unten mit Saumzugabe, (beide SB 2) im Bruch
- 2 x Shirt – Puffärmel, unten mit Nahtzugabe (SB 2) gegengleich

Aus Jersey in Grau

- 2 x Shirt – Bubikragen, dabei die Markierungen für die Schulternaht und die hintere Mitte übertragen und eins der Kragenteile auf der Rückseite mit Einlage verstärken (SB 2) im Bruch

Aus Einlage

- 1 x Shirt – Bubikragen (SB 2) im Bruch

Aus Bündchenstoff

- 2 x schmale Ärmelbündchen, ca. 3,5 cm hoch, in der Länge des unteren Umfangs von Shirt 1 Ärmel als Kurzarm x 0,9 plus Nahtzugabe

Los geht's

1. Stecke den Bubikragen rechts auf rechts aufeinander und nähe sie entlang der äußeren Rundung mit dem Geradstich zusammen. Anschließend die Nahtzugaben an den Rundungen vorsichtig ein paarmal bis ca. 2 mm vor die Naht einschneiden.

2. Wende den Bubikragen, forme z. B. mit einer Stricknadel die Rundungen aus und bügle die Außenkante ordentlich zurecht. Jetzt kannst du den Kragen entlang der Außenkante mit Geradstich absteppen

3. Als Nächstes nähe die Teile des T-Shirts (das Vorder- und Rückteil sowie die Ärmel) zusammen. Danach wende das T-Shirt auf rechts.

4. Jetzt wird der Kragen rechts auf rechts an den Halsausschnitt gesteckt. Die verstärkte Seite des Kragens liegt oben. Die Schultermarkierungen am Kragen treffen auf die Schulternähte, die hintere Mitte des Kragens auf die hintere Mitte des T-Shirts. An der vorderen Mitte treffen die Kragenteile knapp zusammen. Nähe den Kragen rundherum fest.

5. Bügle die Nahtzugabe ins Innere des T-Shirts und nähe sie rundherum am Ausschnitt fest. Verwende dafür einen Zickzackstich, damit die Naht dehnbar bleibt. Achtung: Den Kragen nicht mit annähen. Danach den Kragen wieder nach unten klappen und bügle ihn ordentlich in Form, die eben gemachte Naht wird so verdeckt. Fertig ist der Bubikragen!

6. Versäubere nun noch die Ärmelabschlüsse – hier wurden 3,5 cm breite Bündchenstreifen zugeschnitten und angenäht (siehe Seite 29). Zuletzt wird das T-Shirt mit einem einfachen Umschlag-Saum wie beim Top (siehe Seite 45) gesäumt.

Sweat-SHIRT

Größe 32 – 44

Material:

- Jersey: ca. 120–130 cm
- Jersey für die Einfass-Streifen: ca. 20 cm

Zuschnitt:

Aus Jersey

- 1 x Shirt – Vorderteil mit Rundhalsausschnitt; am Halsausschnitt und unten ohne Saumzugabe (SB 2) im Bruch
- 1 x Shirt – Rückteil mit tiefem Halsausschnitt (in zwei Teilen); am Halsausschnitt und unten ohne Saumzugabe (SB 2) im Bruch
- 2 x Shirt – Ärmel in ¾-Länge ohne Saumzugabe (SB 2) gegengleich

Aus Einfassstoff

- 1 Streifen, 4 cm hoch, in der Länge des Halsausschnitts x 0,85–0,9 plus Nahtzugabe
- 1 Streifen, 4 cm hoch, in der Länge der Saumkante x 0,85–0,9 plus Nahtzugabe
- 2 Streifen, je 4 cm hoch, in der Länge des Ärmelsaums x 0,85–0,9 plus Nahtzugabe
- 2 Streifen, je 4 cm hoch, in der Länge der Aussparung am Ärmelsaum x 0,85–0,9 plus Nahtzugabe

Los geht's

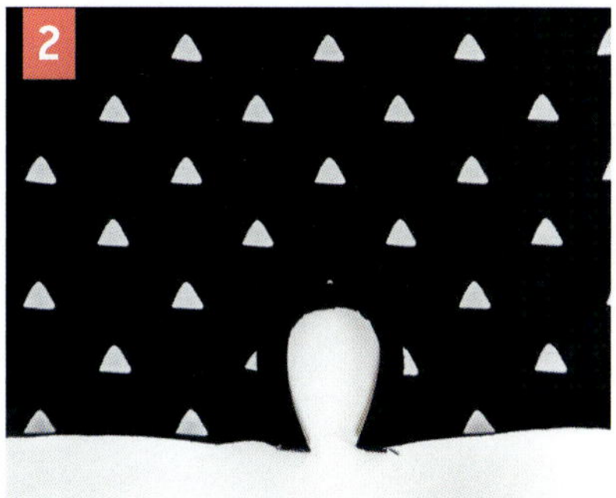

1. Schneide an den Ärmelsäumen genau in der Mitte eine tropfenförmige Aussparung aus. Größe und Form bestimmst du – die Verarbeitung ist allerdings leichter, wenn die Aussparung eher breit und rund ist. Hier ist sie etwa 3 cm breit und 5 cm hoch.
2. Diese Aussparung wird nun mit einem Jerseystreifen eingefasst (siehe Seite 33). Die Rundung einzufassen ist etwas schwierig. Versuche, den Stoff des Ärmels nicht zu dehnen.
3. Im nächsten Schritt werden die Schulternähte geschlossen, die beiden Ärmel eingesetzt und das Shirt schließlich an den Ärmel- und Seitennähten zusammengenäht (siehe Seite 32).

4. Die Ärmelsäume werden mit einem Einfassstreifen aus Jersey eingefasst. Dort, wo sich durch die Aussparung eine Lücke ergibt, führe den Jerseystreifen einfach weiter. Achte darauf, den Jerseystreifen an dieser Stelle nur ganz leicht zu dehnen.
5. Fasse auch den Halsausschnitt, passend zu den Ärmeln, mit einem Jerseystreifen ein.
6. Zuletzt wird das T-Shirt gesäumt. Hier habe ich die Saumkante ebenfalls mit einem Jerseystreifen eingefasst, du kannst natürlich auch eine andere Verarbeitungsmethode wählen.

Tipp

Du kannst auch einen schmalen Beleg rechts auf rechts an die Aussparung nähen. Stülpe ihn dann zur linken Stoffseite hin, bügle die Kanten und steppe sie ab.

Pyjamahose mit SATIN-DETAILS

Größe 32–46

Material:

- Jersey mit Elasthananteil/Stretchjersey in Cremeweiß mit Kleeblättern:
  Gr. 34–40: 105–110 cm
  Gr. 40–44: 110–200 cm
- Jersey oder Bündchenware in Hellgrau: 20 cm
- Satin in Rosa: 50 cm
- Spitzenborte in Grau: 85–110 cm (optional)
- 2 x Ösen, Ø 8 mm
- Gummiband, 40 mm breit: 85–110 cm
- Satinband oder Kordel in Cremeweiß: 1,50–1,80 m

Zuschnitt:

Aus Stretchjersey
- 2 x Pyjamahose – Vorderteil 1+2 (SB 1)
- 2 x Pyjamahose – Rückteil 1+2 (SB 1)

Aus Jersey oder Bündchenstoff
- 1 x Pyjamahose – Bund (SB 1) im Bruch

Aus Satin
- 2 x Pyjamahose – Saum (SB 1)

Wichtig

Die Schnittmuster „Vorderteil“ und „Rückteil“ sind in zwei Teilen auf den angegebenen Bogen. Füge die Teile nach dem Abpausen an der Klebelinie zusammen.

Los geht's

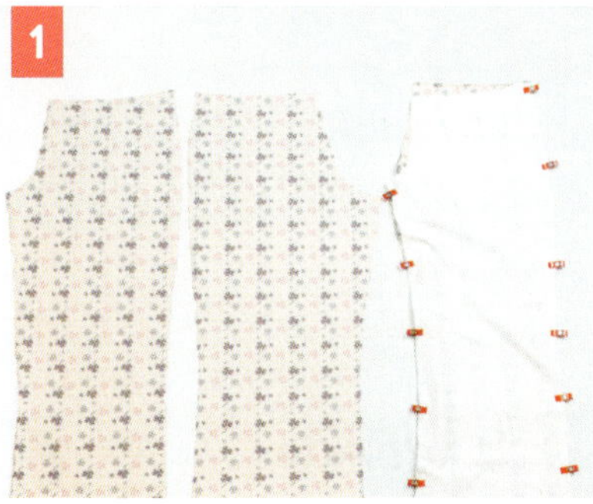

1. Lege jeweils ein vorderes Hosenteil auf das zugehörige hintere und nähe die Seitennaht sowie die Beininnennaht mit einem Versäuberungsstich.

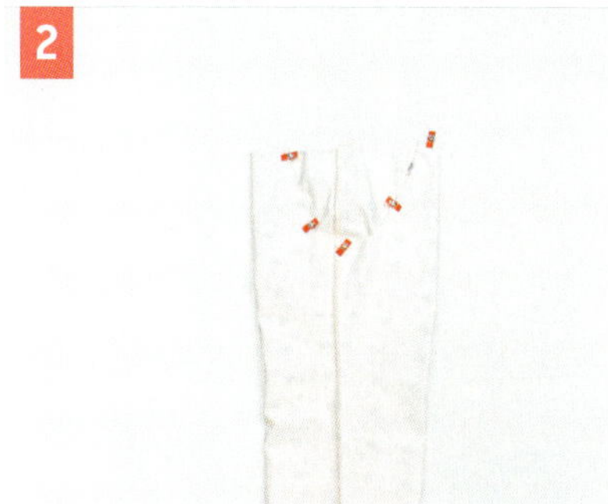

2. Wende ein Hosenbein nach rechts und schiebe es dann in das andere Hosenbein, sodass sie rechts auf rechts ineinanderliegen. Stecke die Schrittnaht rechts auf rechts und schließe sie mit einem Versäuberungsstich. Wende die Hose nach rechts.

3. Jetzt wird der Bund befestigt: wenn du eine Spitzenborte anbringen möchtest, nähe sie nun rechts auf rechts an die Oberkante der Hose. Bereite den Bund vor (siehe Seite 39) und bringe die Ösen an, damit du ein Band zur Weitenregulierung einziehen kannst.

4. Jetzt fehlen nur noch die Blenden: Lege die beiden Blendenstreifen aus Satin jeweils an den Schmalseiten rechts auf rechts und nähe sie mit einem Versäuberungsstich zum Ring zusammen. Danach faltest du den Ring links auf links an der Umbruchlinie, sodass die Kanten aufeinanderliegen.

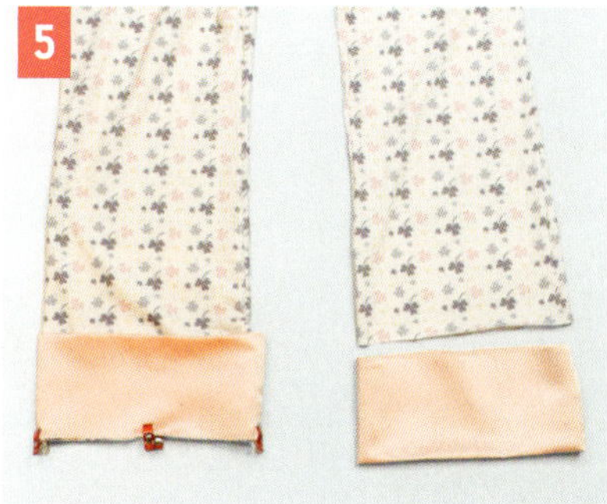

5. Stecke die Blenden rechts auf rechts an die Hosenbeine und nähe sie mit Versäuberungsstichen fest. Bügle die Blenden nach unten. Die Ansatznaht kann nun knappkantig von rechts mit einem geraden Stich der Nähmaschine abgesteppt werden.

6. Am Ende musst du nur noch das Bindeband mithilfe einer Sicherheitsnadel einziehen.

Wasserfall-LOOP

Einheitsgröße

Material:

- Strickstoff in Cremeweiß: 85 cm
- Jersey in Grau: 85 cm
- Gummiband: 1 m, 4 cm breit
- 2 Ösen: 0,5 cm Ø
- 2 Kordelenden
- Sicherheitsnadel, maximal 0,5 cm breit
- Wendenadel

Zuschnitt:

Aus Strickstoff

- 1 x Wasserfall-Loop (SB 1) im Bruch

Aus Jersey

- 1 x Wasserfall-Loop (SB 1) im Bruch

Los geht's

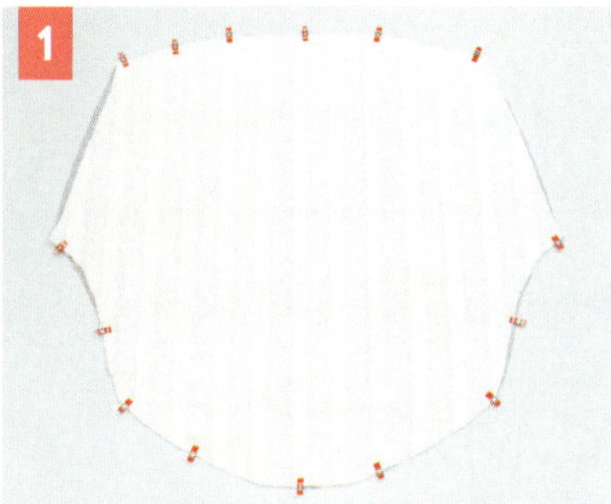

1. Lege die beiden Loop-Teile rechts auf rechts und nähe sie jeweils an den gerundeten Kanten zusammen. Die kurzen schrägen Seiten bleiben offen.

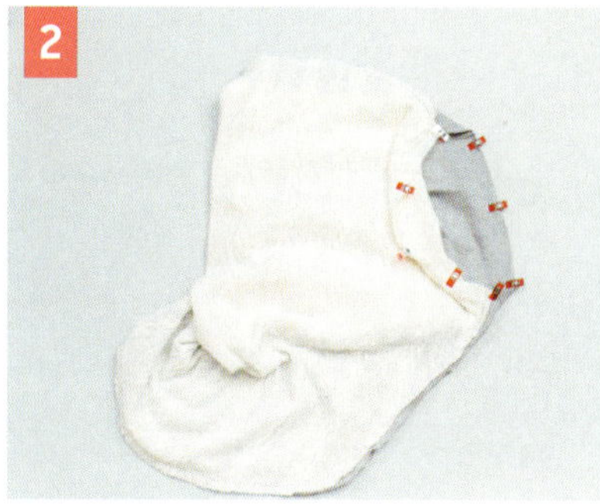

2. Greife in eine noch offene Seite, schiebe diese zurück und lege so die noch offenen Kanten rechts auf rechts aufeinander. Die rechten Seiten einer Stoffart liegen jeweils aufeinander. Achte darauf, dass du nichts verdreht hast, und stecke die Seiten fest.

3. Nähe nun entlang der gesteckten Kante und lasse dabei eine handgroße Öffnung zum Wenden frei.

4. Durch diese Öffnung kannst du den Loop nun nach rechts wenden. Schließe die Öffnung mit knappkantigen Steppstichen mit der Nähmaschine oder mit dem Matratzenstich (siehe Seite 37) von Hand.

Tipp

Auch bei dem tollen Loop sieht eine Ösenverzierung sehr attraktiv aus!

Schlaf-MASKE

Einheitsgröße

Material:

- Jersey in Rosa: 15 cm
- Jersey in Grau: 2 x 40 cm
- Volumenvlies H 640: 15 cm
- Spitze (optional)
- Gummiband 0,5 cm breit: 25 cm
- Plott: „Katze“ oder „Augen“ (Vorlage zum Download unter www.emf-verlag.de/produkt/alles-jersey-soft-and-cosy/)

Zuschnitt:

Aus Rosa Jersey

- 2 x Maske (SB 1) im Bruch
- 4 x Ohren (SB 1) gegengleich

Aus grauem Jersey

- 1 x Tunnel (SB 1)

Aus Volumenvlies

- 1 x Maske (SB 1) im Bruch
- 2 x Ohren (SB 1)

Tipp

Wenn du die Ohren weglässt und stattdessen den Augen-Plott verwendest, erhält die Maske gleich eine andere Optik!

Los geht's

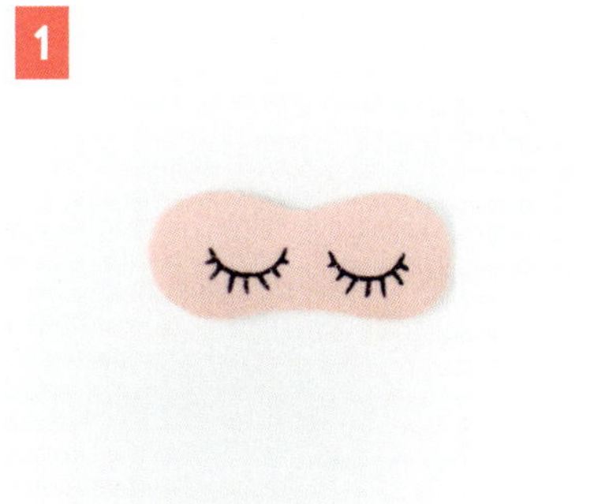

1. Übertrage den Plott auf ein Stück des rosafarbenen Jerseys. Schneide anschließend das Maskenvorderteil zu. Bügle das Volumenvlies auf die linke Seite der Ohren und des Maskenvorderteils auf.
2. Lege den grauen Jerseystreifen längs zur Hälfte rechts auf rechts, und nähe ihn zusammen. Wende das Band mit einer Sicherheitsnadel nach rechts und ziehe das 25 cm lange Gummiband ein. Steppe den Gummi an den Bandenden fest; das Band ist nun gerafft.
3. Du kannst auch Spitze an die Ohren nähen: steppe diese rechts auf rechts auf die Nahtzugabe. Lege die Ohrenteile jeweils rechts auf rechts und nähe die Ohren entlang der Spitzennaht zusammen. Schneide die Nahtzugaben zurück und wende die Ohren.

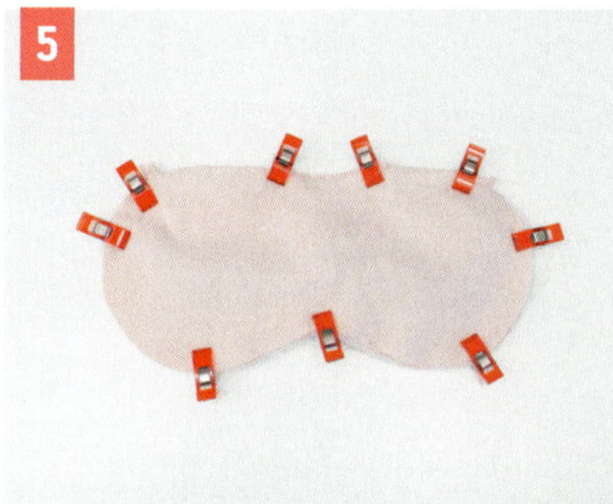

4. Lege die Ohren rechts auf rechts an die Markierung des Maskenvorderteils und nähe sie fest (der Ohren-Plott zeigt dabei Richtung Masken-Vorderseite). Nähe das Zugband an den Seiten rechts auf rechts fest, auch wieder innerhalb der Nahtzugabe.
5. Lege Vorder- und Rückteil der Maske rechts auf rechts, das Band und die Ohren liegen innen. Nähe die Teile bis auf eine Wendeöffnung zusammen.
6. Wende die Maske nach rechts, bügle sie vorsichtig, achte darauf, den Plott nicht zu beschädigen. Schließe die Öffnung mit einem Matratzenstich (siehe Seite 37).

Binde-GÜRTEL

Größe 34 – 46

Material:

- Kunstleder in Schwarz oder Braun: 50 x 140 cm

Zuschnitt:

Aus Kunstleder

- 2 x Bindegürtel – Mittelteil (SB 2)
- 2 x Bindegürtel – Bindeband (SB 2) im Bruch

Wichtig

Im Schnittmuster sind bereits 1 cm Nahtzugabe und die Saumzugabe eingerechnet.

Tipp

Du kannst den Gürtel auch aus anderen Stoffen nähen. Wenn du ihn aus Baumwollstoff nähst, ist es empfehlenswert, die Teile mit Vlieseline zu verstärken.

Los geht's

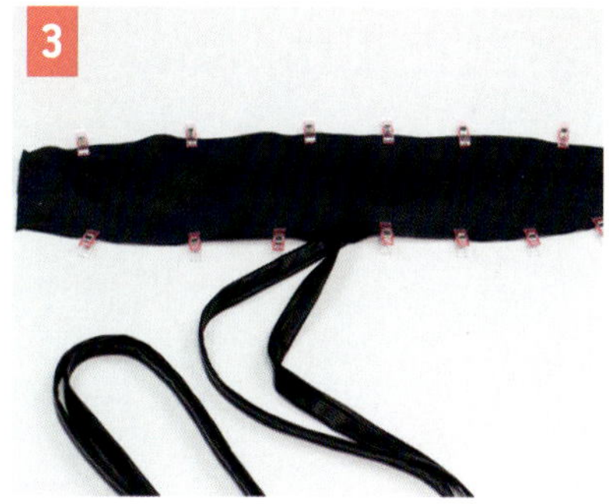

1. Falte eins der Bindebänder der Länge nach rechts auf rechts und schließe die lange Seite. Wiederhole den Vorgang beim zweiten Bindeband. Wende die Bindebänder auf die rechte Seite und steppe sie knappkantig ab.

2. Lege eins der Gürtel-Mittelteile mit der rechten Seite nach oben vor dich hin. Stecke die Bindebänder mittig an der kurzen Seite darauf. Ein kleines Ende des Bindebands schaut dabei heraus. Lege das zweite Mittelteil rechts auf rechts auf das erste.

3. Stecke die Gürtel-Mittelteile rundum fest; die langen Enden der Bindebänder kannst du an einer Stelle heraushängen lassen. Hier lässt du eine Wendeöffnung. Nähe die Mittelteile zusammen. Achte dabei darauf, die kurzen Enden der Bindebänder gut festzunähen.

4. Schneide die überstehenden kurzen Enden der Bindebänder sowie die Nahtzugaben zurück.

5. Wende den Gürtel auf die rechte Seite. Steppe den Gürtel ringsherum ab und schließe dabei auch die Wendeöffnung.

6. Die Enden der Bindebänder werden 2-mal nach innen geschlagen und anschließend abgesteppt.

Gestreiftes JERSEY-KLEID

Größe 34 – 46

Material:

- Jersey in Rot-Weiß gestreift
  Gr. 34–36: 130 cm
  Gr. 38–42: 135 cm
  Gr. 44: 150 cm
  Gr. 46: 175 cm
- Satinband in Weiß in einer Breite von 3 cm, Länge 150 cm
- 2x Kordelstopper in Silber
- Vlieseline H 180: 25 cm

Zuschnitt:

Aus gestreiftem Jersey

- 1 x gestr. Kleid – Vorderteil 1+2 (SB 2) im Bruch
- 1 x gestr. Kleid – Rückteil 1+2 (SB 2) im Bruch
- 2 x gestr. Kleid – Ärmelstreifen (SB 2) gegengleich
- 1 x gestr. Kleid – Halsbeleg vorne (SB 2) im Bruch
- 1 x gestr. Kleid – Halsbeleg hinten (SB 2) im Bruch
- 1 x gestr. Kleid – Tunnelzug (SB 2) im Bruch

Aus Einlage

- 1 x gestr. Kleid – Halsbeleg vorne (SB 2) im Bruch
- 1 x Halsbeleg hinten (SB 2) im Bruch

Wichtig

Im Schnittmuster sind bereits 1 cm Nahtzugabe und die Saumzugabe eingerechnet. Die Schnittmuster „Vorderteil" und „Rückteil" sind in zwei Teilen auf den angegebenen Bogen. Füge die Teile nach dem Abpausen an der Klebelinie zusammen.

Los geht's

1. Nähe zuerst die Brustabnäher (siehe Seite 24). Lege dann Vorderteil und Rückteil rechts auf rechts aufeinander. Stecke die Schulternähte zusammen und nähe sie mit einem Overlockstich.

2. Klappe das Rückteil rechts auf rechts auf das Vorderteil und stecke die Seitennähte fest. Anschließend nähst du sie mit einem dehnbaren Stich zusammen. Dabei lässt du die Armausschnitte offen.

3. Der Ärmelstreifen wird auf dieselbe Art zum Ring genäht wie ein Rundhalsbündchen (siehe Seite 27).

4. Stecke den Ärmelstreifen rechts auf rechts leicht gedehnt an den Armausschnitt und nähe ihn anschließend mit einem dehnbaren Stich an.

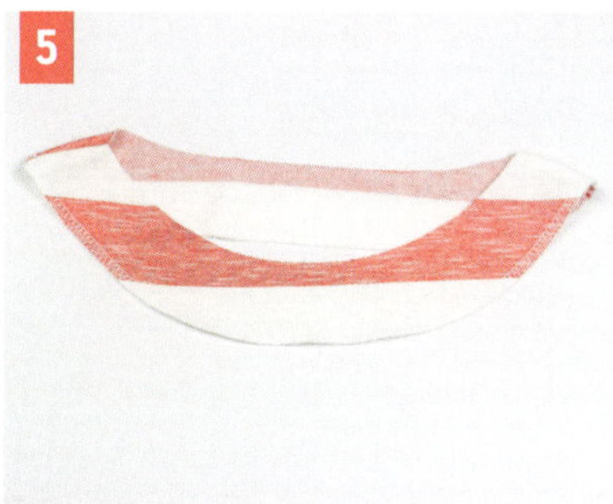

5. Schließe die Halsbelege zu einem Ring und versäubere den unteren Rand (siehe Seite 28).

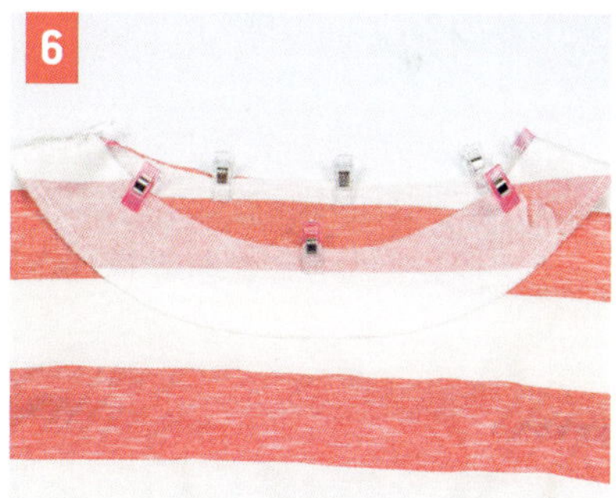

6. Stecke den Beleg rechts auf rechts auf den Halsausschnitt. Achte darauf, dass Schulternaht auf Schulternaht liegt. Der Beleg liegt bündig mit dem Halsausschnitt. Nähe den Halsbeleg an, klappe ihn nach innen und bügle anschließend die Kanten.

Weiter geht's

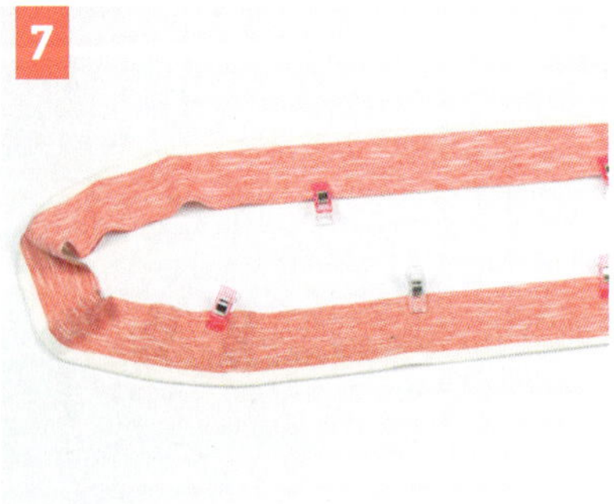

7. Falte den Tunnelstreifen der Länge nach rechts auf rechts und schließe die lange Kante mit einem dehnbaren Stich. Wende den Tunnel mithilfe einer Stecknadel oder eines Wendewerkzeugs.

8. Die kurzen Enden werden jeweils 1 cm nach innen geschlagen und anschließend von außen abgesteppt. Achte darauf, den Tunnel nicht zuzunähen.

9. Stecke den fertigen Tunnel laut Markierungen im Schnitt fest und nähe ihn anschließend mit einem elastischen Stich entlang beiden Längskanten auf.

10. Ziehe nun das Satinband ein. Am besten funktioniert dies mit einer Sicherheitsnadel.

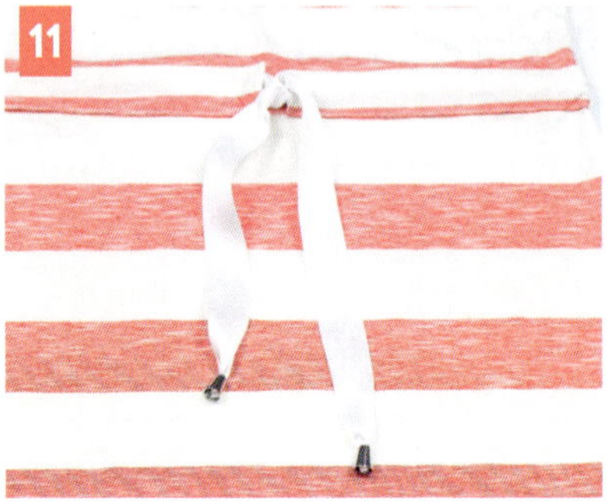

11. Fädle die Enden des Satinbands durch die Kordelstopper. Damit sie nicht wieder herunterrutschen, verknotest du die Enden.

12. Nähe den Kleidsaum als Fakesaum/faules Bündchen (siehe Seite 23).

Tipp

Fixiere die Belege entweder mit einem Blindstich oder mit ein paar Stichen an der Nahtzugabe der Schulternaht, um ein Verrutschen zu verhindern.

Gerades JERSEY-KLEID

Größe 34 – 46

Material:

- Jersey in Blau-Weiß gestreift
  Gr. 34–36: 115 cm
  Gr. 38–40: 120 cm
  Gr. 42–46: 140 cm
- Jersey in Gelb: 25 cm
- Vlieseline H 180: 25 cm

Zuschnitt:

Aus gestreiftem Jersey

- 1 x gerades Kleid – Vorderteil (SB 2) im Bruch
- 1 x gerades Kleid – Rückteil (SB 2) im Bruch
- 2 x gerades Kleid – Ärmel (SB 2) gegengleich

Aus gelbem Jersey

- 1 x gerades Kleid – Halsbeleg vorne (SB 2) im Bruch
- 1 x gerades Kleid – Halsbeleg hinten (SB 2) im Bruch

Aus Einlage

- 1 x gerades Kleid – Halsbeleg vorne (SB 2) im Bruch
- 1 x Halsbeleg hinten (SB 2) im Bruch

Wichtig

Im Schnittmuster sind bereits 1 cm Nahtzugabe und die Saumzugabe eingerechnet. Die Schnittmuster „Vorderteil" und „Rückteil" sind in zwei Teilen auf den angegebenen Bogen. Füge die Teile nach dem Abpausen an der Klebelinie zusammen.

Los geht's

1. Nähe zuerst die Brustabnäher (siehe Seite 22). Dann lege Vorderteil und Rückenteil (rechts auf rechts) aufeinander. Stecke die Schulternähte zusammen und nähe sie mit einem Overlockstich. Klappe die Teile auseinander.

2. Lege den Ärmel rechts auf rechts auf den Armausschnitt. Die Knipse (Markierungen) von Ärmel und Vorderteil sollten beim Stecken des Ärmels übereinstimmen. Stecke die Ärmel fest und nähe sie anschließend mit einem dehnbaren Stich ein.

3. Klappe das Rückteil auf das Vorderteil und stecke Seitennähte und Ärmel fest. Dabei liegen die Teile rechts auf rechts. Anschließend nähst du alles mit einem dehnbaren Stich zusammen(siehe Seite 25).

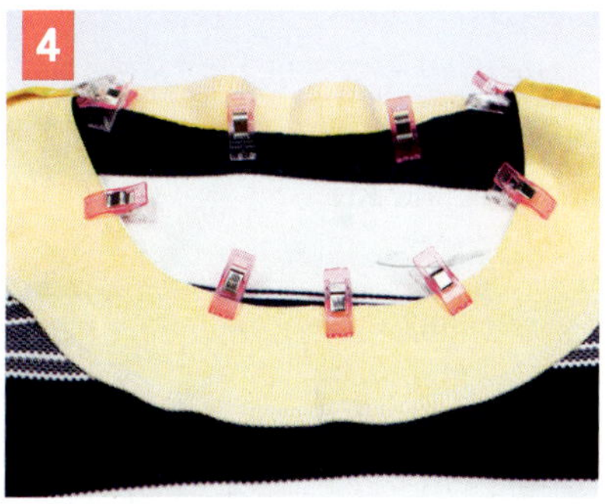

4. Schließe die Halsbelege zu einem Ring und versäubere den unteren Rand (siehe Seite 28). Stecke den Beleg rechts auf rechts auf den Halsausschnitt. Achte darauf, dass Schulternaht auf Schulternaht liegt. Der Beleg liegt bündig mit dem Halsausschnitt. Nähe den Halsbeleg an.

5. Klappe den Beleg nach innen und bügle anschließend die Kanten.

Tipp

Fixiere den Beleg entweder mit einem Blindstich am Ausschnitt oder mit ein paar Stichen an der Nahtzugabe der Schulternaht. So verrutscht er nicht.

6. Nähe den unteren Saum als Fakesaum/faules Bündchen (siehe Seite 23). Ärmelsaum: Bügle den Saum 1 cm nach innen. Schlage nun den restlichen 1 cm des Saums ein und bügle nochmals. Steppe den Saum knappkantig von rechts ab.

Kleid mit V-AUSSCHNITT

Größe 34 – 46

Material:

- Scuba in Dunkelblau
  Gr. 34–40: 125 cm
  Gr. 42–44: 140 cm
  Gr. 46: 155 cm
- Bündchenware in Blau-Weiß gestreift: 25 cm

Zuschnitt:

Aus dunkelblauem Scuba

- 1 x Kleid V-Ausschnitt – Vorderteil (SB 1) im Bruch
- 1 x Kleid V-Ausschnitt – Rückteil (SB 1) im Bruch
- 2 x Kleid V-Ausschnitt – Ärmel (SB 1) gegengleich

Aus Bündchenware

- 1 x Kleid V-Ausschnitt – Halsbündchen (SB 1) im Bruch

Wichtig

Im Schnittmuster sind bereits 1 cm Nahtzugabe und die Saumzugabe eingerechnet. Die Schnittmuster „Vorderteil" und „Rückteil" sind in zwei Teilen auf den angegebenen Bogen. Füge die Teile nach dem Abpausen an der Klebelinie zusammen.

Los geht's

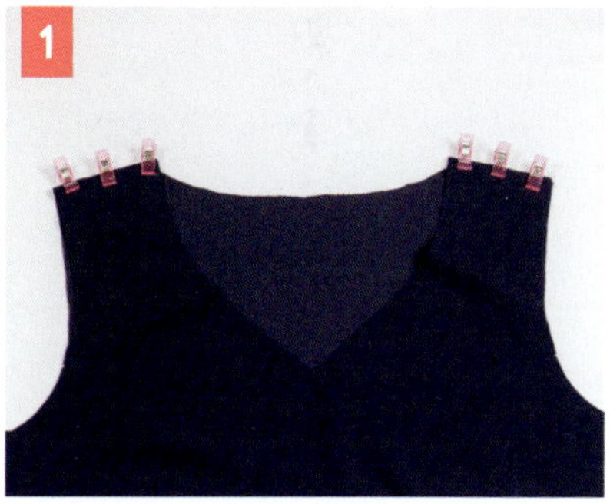

1. Nähe zuerst die Brustabnäher (siehe Seite 24). Lege dann Vorderteil und Rückteil (rechts auf rechts) aufeinander. Stecke die Schulternähte zusammen und nähe sie mit einem Overlockstich.

2. Klappe Vorder- und Rückteil auseinander und lege den Ärmel rechts auf rechts auf den Armausschnitt. Die Knipse von Ärmel und Vorderteil stimmen überein. Stecke die Ärmel fest und nähe sie anschließend mit einem dehnbaren Stich ein.

3. Klappe das Rückteil auf das Vorderteil und stecke Seitennähte und Ärmel fest. Dabei liegen die Teile rechts auf rechts. Anschließend nähst du alles mit einem dehnbaren Stich zusammen.

4. Bereite das Halsbündchen vor, wie in der Grundanleitung „Halsbündchen V-Ausschnitt" beschrieben (siehe Seite 26).

5. Nähe den V-Ausschnitt wie auf Seite 26 beschrieben fertig.

6. Nähe an den Ärmeln einen offenkantigen Saum (siehe Seite 22). Den Kleidersaum nähst du als Fakesaum/faules Bündchen (siehe Seite 23).

Longsleeve mit PATCHES

Größe 32 – 44

Material:

- Jersey, z. B. Interlock: ca. 140–150 cm
- kontrastfarbigen Single-Jersey für die Rollbündchen und die Ellbogenpatches: ca. 30 cm
- evtl. Klebevlies, z. B. Vliesofix: ca. 20 x 20 cm

Zuschnitt:

Aus Hauptstoff

- 1 x Shirt – Vorderteil mit tiefem Halsausschnitt, am Halsausschnitt und unten mit Nahtzugabe (SB 2) im Bruch
- 1 x Shirt – Rückteil mit Rundhalsausschnitt, am Halsausschnitt und unten mit Nahtzugabe (SB 2) im Bruch
- 2 x Shirt – Ärmel als lange Ärmel, unten mit Nahtzugabe (SB 2)

Aus Kontraststoff

- 2 x Ellbogenpatches (auf Shirt – Ärmel eingetragen) (SB 2)
- 1 Streifen, 2 cm hoch, in der Länge des Halsausschnitts x 0,85 plus Nahtzugabe
- 1 Streifen, 3 cm hoch, in der Länge des Halsausschnitts x 0,85 plus Nahtzugabe
- 1 Streifen, 2 cm hoch, in der Länge unteren Ärmelumfangs x 0,9 plus Nahtzugabe
- 1 Streifen, 3 cm hoch, in der Länge unteren Ärmelumfangs x 0,9 plus Nahtzugabe
- 1 Streifen, 2 cm hoch, in der Länge des Saumumfangs x 0,9 plus Nahtzugabe
- 1 Streifen, 3 cm hoch, in der Länge des Saumumfangs x 0,9 plus Nahtzugabe

Tipp

Setze interessante Akzente indem du die Patches aus Fleece oder Wollstoff aufnähst, eventuell auch aus Leder oder Kunstleder.

Los geht's

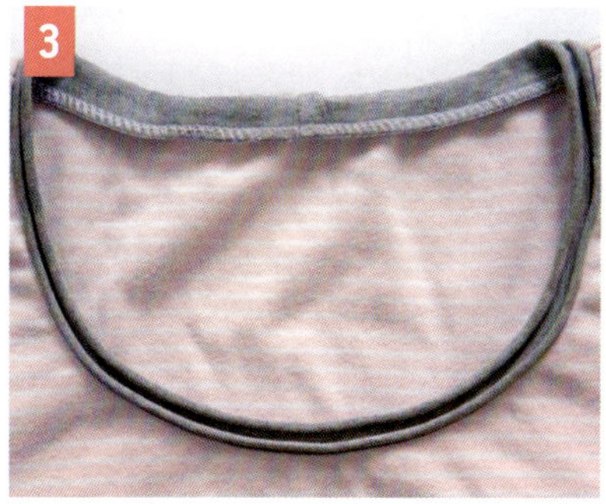

1. Nähe zuerst die Ellbogenpatches auf die Ärmel. Du kannst sie mit Klebevlies fixieren oder feststecken. Nähe sie dann fest, hier wurde in mehreren Runden im Geradstich genäht. Es sieht auch gut aus, wenn du sie noch mit einem dekorativen Kreuz versiehst.

2. Jetzt können die einzelnen Teile des T-Shirts zusammengesetzt werden. Die Schulternähte werden geschlossen, die Ärmel in die Armausschnitte genäht und zuletzt die Ärmel- und Seitennähte geschlossen, wie auf Seite 30 beschrieben.

3. Wie du Rollbündchen annähst, kannst du auf Seite 30 nachlesen. Versäubere auf die dort erklärte Weise den Halsausschnitt. Zuvor hast du den Jerseystreifen zum Ring geschlossen.

Tipp

Es sieht auch toll aus, wenn du die Rollbündchen aus zwei verschiedenen Stoffen zuschneidest – verwende z. B. einen gemusterten und einen einfarbigen Stoff.

4. Die Ärmelsäume werden ebenso mit Rollbündchen versehen. Die Bündchen werden sich nach den ersten ein bis zwei Wäschen noch stärker einrollen, es macht also nichts, wenn der gewünschte Effekt jetzt noch nicht so stark sichtbar wird.

5. Auch am Saum des T-Shirts werden Rollbündchen angenäht. Stattdessen könntest du auch ein Hüftbündchen annähen – variiere nach Lust und Laune. Wie du ein Hüftbündchen annähst, erfährst du auf Seite 29.

Tipp

Vorder- und Rückteil wurden beim hier abgebildeten T-Shirt etwas weniger stark tailliert zugeschnitten.

Longsleeve mit APPLIKATION

Größe 32 – 44

Material:

- einfarbigen Interlockjersey: 140–160 cm
- kontrastfarbigen Jersey für den Beleg: ca. 10 x 30 cm
- Bündchenware: ca. 20 cm
- Stoffrest für Applikation: ca. 30 x 35 cm
- doppelseitiges Klebevlies: ca. 30 x 35 cm

Zuschnitt:

Aus Hauptstoff

- 1 x Shirt – Vorderteil mit Rundhalsausschnitt und asymmetrischem Saum (SB 2) im Bruch.
- 1 x Shirt – Rückteil mit Rundhalsausschnitt und asymmetrischem Saum (SB 2) im Bruch

Das Bündchen verlängert das T-Shirt etwas. Wenn das T-Shirt in der Gesamtlänge gleich bleiben soll, den Saum um die Breite des Bündchens kürzen, und nur mit Nahtzugabe zuschneiden.

- 2 x Shirt – Ärmel als Langarm mit Bündchen (SB 2)

Aus Belegstoff

- Beleg für den hinteren Halsausschnitt

Aus Bündchenware

- 1 Streifen, ca. 7 cm hoch, in der Länge des Saumumfangs x 0,9 plus Nahtzugabe
- 1 Streifen, 4–4,5 cm hoch, in der Länge des Halsausschnitts x 0,9 plus Nahtzugabe
- 2 x Shirt – Ärmelbündchen (SB 2)
- 1 kleines gleichschenkliges Dreieck (ca. 4 cm breit und 5 cm hoch) für den Halsausschnitt

Los geht's

1. Bringe zuerst am Vorderteil die Applikationen an. Die Zahlen sind im oberen Drittel des T-Shirts mittig appliziert; die Mitte des kleinen Dreiecks liegt über der vorderen Mitte des T-Shirt-Vorderteils.

2. Nähe die Schnittteile des T-Shirts zusammen und wende es dann auf rechts (siehe Seite 32). Schneide einen Beleg für den hinteren Halsausschnitt zu. Er reicht von Schulternaht zu Schulternaht. Orientier dich an der Ausschnittslinie für den tiefen Rückenausschnitt.

3. Versäubere den Beleg an der Unterkante und bügle die Kante zur linken Stoffseite hin um. Nähe zuerst das Bündchen an den Halsausschnitt. Stecke den Beleg ungedehnt über dem Rückteil an das nicht umgeklappte Halsbündchen. Nähe den Beleg am Bündchen fest.

4. Klappe nun das Bündchen und den Beleg um. Bügle den Beleg nach unten. Die versäuberten Nahtzugaben kannst du einschlagen, dann nähe die Unterkante des Belegs am Rückteil des T-Shirts fest.

5. Jetzt stellst du die Ärmel deines Shirts fertig. Die Ärmelbündchen werden an die offenen Ärmelkanten angenäht wie auf Seite 29 erklärt.

6. Zum Schluss wird auch am T-Shirt-Saum ein schmales Bündchen (fertige Breite ca. 2,5 cm) angenäht.

Tipp

Nähe das T-Shirt auch einmal aus einfarbigem Stoff, und wähle für die Einfassung am Ausschnitt und andere Details einen gemusterten Jersey.

Rundhals-T-SHIRT

Größe 32 – 44

Material:

- gemusterten Single-Jersey: 80–100 cm
- kontrastfarbigen Jersey für Einfass-Streifen: ca. 20 cm
- evtl. 4–6 Knöpfe, Durchmesser ca. 1,5 cm

Zuschnitt:

Aus Hauptstoff

- 1 x Shirt – Vorderteil mit amerikanischem Ausschnitt und geradem Saum (SB 2), am Ausschnitt ohne Nahtzugabe, unten mit Saumzugabe im Bruch zuschneiden; unbedingt die Schulterlinie markieren
- 1 x Shirt – Rückteil mit amerikanischem Ausschnitt und geradem Saum (SB 2), am Ausschnitt ohne Nahtzugabe, unten mit Saumzugabe im Stoffbruch zuschneiden; unbedingt die Schulterlinie markieren
- 2 x Shirt – Puffärmel als Kurzarm (SB 2) ohne Naht- oder Saumzugabe am unteren Ende

Aus Kontraststoff

- 1 Streifen, 4 cm hoch, in der Länge des Halsausschnitts x 0,8–0,9 plus Nahtzugabe
- 2 Streifen, 4 cm hoch, in der Länge des unteren Ärmelumfangs x 0,8–0,9 plus Nahtzugabe

Los geht's

1. Versäubere die Halsausschnittkanten am Vorder- und am Rückteil und fasse sie mit einem Jerseystreifen ein. Achte darauf, den Streifen nur an den nach innen gerundeten Kurven zu dehnen.

2. Lege Rück- und Vorderteil mit der linken Seite nach oben vor dich. Lege die Ausschnittüberlappung des Vorderteil auf das Rückteil. Die Markierungen für die Schulternaht treffen aufeinander. Hefte die Teile an der Armausschnittlinie innerhalb der Nahtzugabe zusammen.

Damit der Ausschnitt später nicht aufklafft, kannst du die Überlappung des Rückteils am Vorderteil an der Einfassung fixieren. Versuche dabei so gut es geht „im Nahtschatten" zu nähen, also genau über der Naht am Einfass-Streifen.

3. Jetzt werden die Ärmel an beiden Seiten eingesetzt. Denke daran, die Ärmel auf die Länge der Armkugel einzukräuseln, bevor du sie am T-Shirt feststeckst und annähst. Danach die Seitennähte schließen. Wie ein T-Shirt zusammengesetzt wird, erfährst du auf Seite 32.

4. Die Armabschlüsse habe ich, passend zum Halsausschnitt, ebenfalls mit einem Jerseystreifen eingefasst. Alternativ könntest du wieder ein schmales Bündchen annähen.

5. Dann wird das T-Shirt gesäumt, zum Beispiel mit einem einfachen Umschlag-Saum. Wenn du möchtest, kannst du am Ausschnitt noch Zierknöpfe aufnähen.

Tipp

Du kannst an den Enden des Bindebands noch Perlen aufziehen. Du kannst auch ein fertiges Band oder eine schmale Kordel verwenden.

Shirt mit BÄNDERN

Größe 32 – 44

Material:

- gemusterten Jersey: 110–120 cm; wenn für die Bindebänder etc. ein anderer
- Stoff verwendet wird, ca. 90–100 cm
- evtl. kontrastfarbigen Jersey für Einfass-Streifen, Bindebänder und Taschen: ca. 30 cm – hier wurde die einfarbige Rückseite des Hauptstoffs verwendet

Zuschnitt:

Aus Hauptstoff

- 1 x Shirt – Vorderteil mit tiefem Ausschnitt, als Longshirt mit Mehrweite, mit geradem Saum (SB 2), am Halsausschnitt ohne Nahtzugabe, unten mit Saumzugabe, im Bruch
- 1 x Shirt – Rückteil mit Rundhalsausschnitt, als Longshirt (ohne Mehrweite) mit geradem Saum (SB 2), am Halsausschnitt ohne Nahtzugabe, unten mit Saumzugabe, im Bruch
- 2 x Shirt – Ärmel als Kurzarm (SB 2), unten ohne Nahtzugabe

Kontraststoff oder ebenfalls Hauptstoff

- 2 x Shirt – Tasche (SB 2) mit Nahtzugaben an allen Seiten
- 2 Streifen für die Bindebänder, in der vierfachen gewünschten Breite (hier 4 x 1 cm = 4 cm), ca. 80–100 cm lang
- 1 Streifen, 4 cm breit, in der Länge des Halsausschnitts x 0,8–0,9 plus Nahtzugabe
- 2 Streifen, 4 cm breit, in der Länge des unteren Ärmelumfangs x 0,8–0,9 plus Nahtzugabe

Los geht's

1. Bügle die Streifen für die Bindebänder der Länge nach zur Hälfte. Schlage die Kanten bis zum Falz ein. Das kurze Ende falte ca. 1 cm um. Klappe die Streifen noch einmal zusammen, sodass alle offenen Kanten im Inneren verschwinden, und nähe sie zusammen.

2. Die Bindebänder werden nun am Vorder- oder Rückteil des T-Shirts befestigt. Nähe sie auf der gewünschten Höhe innerhalb der Nahtzugabe an. Dabei zeigen die nicht festgenähten Enden der Bindebänder zur Mitte des T-Shirts.

3. Am Vorderteil kräusle den Ausschnitt auf die Länge des tiefen Ausschnitts ein (vergleiche mit dem Papierschnittmuster). Die Kräusel verteilst du in der Mitte des Halsausschnitts. Mehr über die Technik des Kräuselns oder Raffens erfährst du auf Seite 34.

4. Jetzt schließt du die Schulternähte und setzt die Ärmel ein. Dann werden die Seitennähte geschlossen, dabei werden die Bindebänder mitgefasst. Dabei kannst du ruhig einmal über die Bindebänder hin und her nähen, damit sie wirklich bombenfest halten.

5. Die Taschenränder werden versäubert und nach innen geschlagen, die Oberkante festgenäht. Dann werden die Taschen auf Höhe der Markierungen mittig über den Seitennähten des T-Shirts aufgenäht. Sichere dabei die oberen Ecken, indem du jeweils ein kleines Dreieck nähst.

6. Versäubere als nächsten Schritt den Halsausschnitt und die Ärmelabschlüsse mit Jerseystreifen. Mehr dazu erfährst du auf Seite 29. Zuletzt wird das T-Shirt gesäumt, zum Beispiel mit einem einfachen Umschlag-Saum.

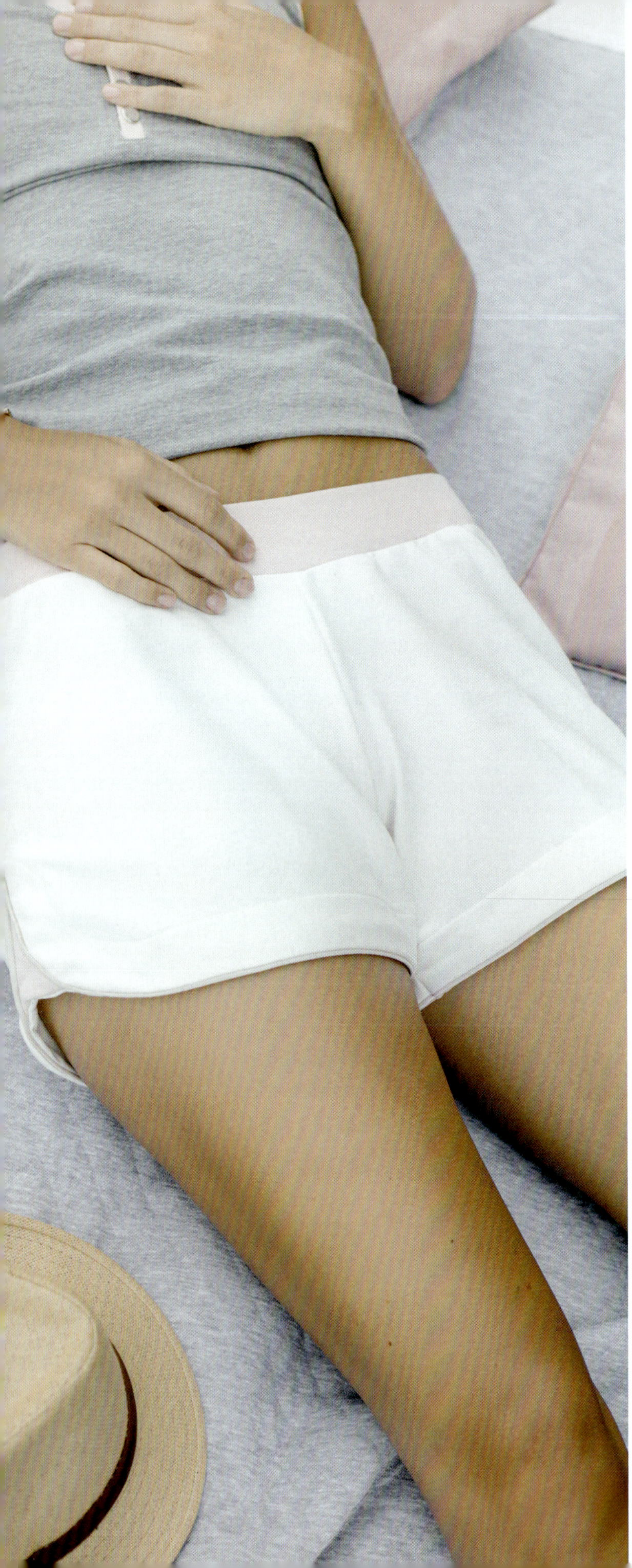

Lässige SHORTS

Größe 34 – 46

Material:

- Sommersweat in Cremeweiß:
  Gr. 32–40: 60–75 cm
  Gr. 40–46: 75–80 cm
- Sommersweat in Rosa: 5 cm
- Bündchenware in Rosa: Gr. 32–46: 15 cm
- Paspelband: 2,00–2,50 m (optional)
- Gummiband, 3 cm breit: 85–110 cm

Zuschnitt:

Aus Sommersweat

- 2 x Vorderhose (SB 1) gegengleich
- 2 x Hinterhose (SB 1) gegengleich
- 2 x Einsatz (SB 1)
- 2 x Saumbeleg (SB 1) gegengleich

Aus Bündchenware

- 1 x Bund (SB 1) im Bruch

Los geht's

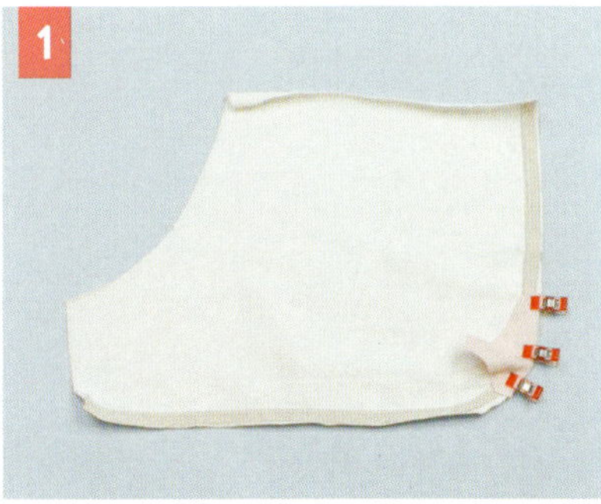

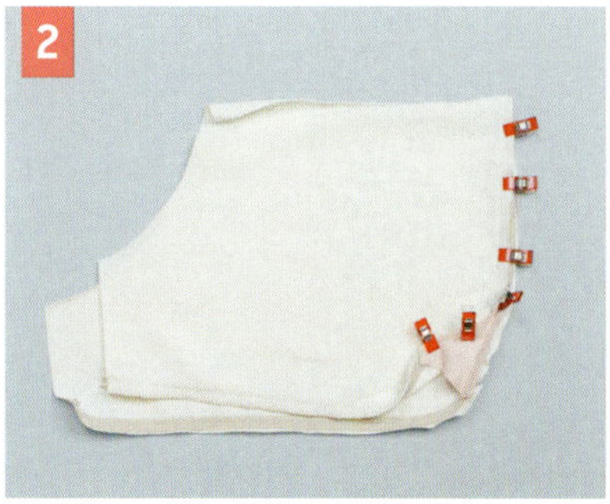

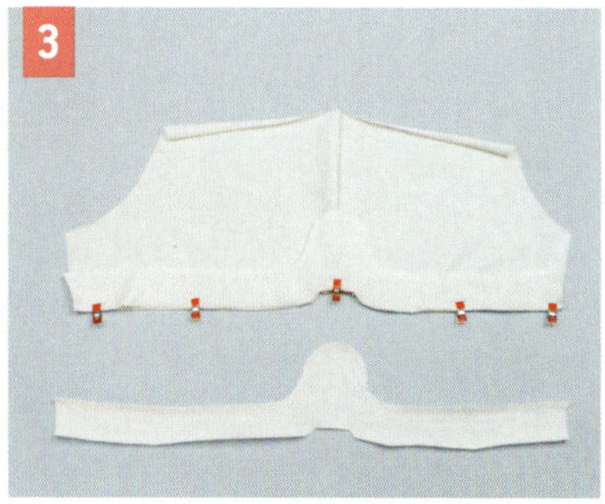

1. Du kannst die seitlichen und unteren Kanten der Hosenteile mit einem Paspelband verzieren (siehe Seite 38). Dann werden die seitlichen Einsätze angenäht: Lege die rosa Einsätze rechts auf rechts gemäß Schnittmarkierung auf das zugehörige Hosenteil.
2. Lege jetzt das hintere Hosenteil rechts auf rechts darauf und schließe die Seitennaht, dabei wird der Einsatz an einer Seite mit gefasst. Schneide die Nahtzugaben an den Markierungen ein, klappe sie zur Seite, um den Einsatz an der anderen Kante festzunähen.
3. Stecke die Belege jeweils rechts auf rechts an die untere Hosenkante und nähe sie fest. Lege dabei die Nahtzugaben des Einsatzes mittig zueinander. Schneide danach die Nahtzugaben zurück.

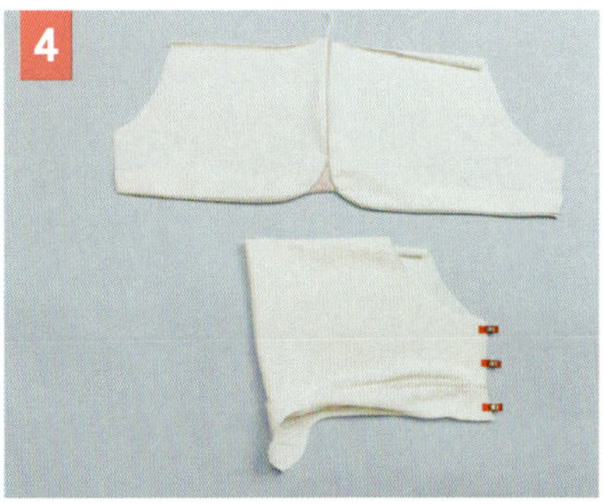

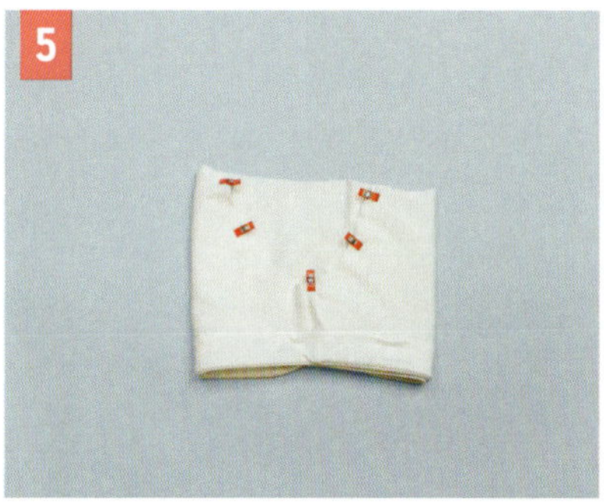

4. Lege jedes Hosenbein an den inneren Beinnähten rechts auf rechts und nähe sie mit Versäuberungsstichen. Wende sie nach rechts. Schlage den Beleg nach innen um, bügle die Nahtkante und steppe den Beleg auf Höhe der Versäuberungsnaht von rechts ab.
5. Wende ein Hosenbein wieder nach links. Schiebe die Hosenbeine rechts auf rechts ineinander und schließe die Schrittnaht mit einem Versäuberungsstich. Wende die Shorts wieder nach rechts.
6. Bringe das Hüftbündchen wie bei den Jogging-Pants an (siehe Seite 39), jedoch ohne Ösen.

Sportliche LEGGINGS

Größe 36 – 46

Material:

- gepunkteter Jersey:
  Gr. 36–40: 105 cm
  Gr. 42–46: 110–115 cm
- Bündchenware in Schwarz: Gr. 36–46: 8 cm
- Gummiband, 2 cm breit: 75–80 cm

Zuschnitt:

Aus gepunktetem Jersey

- 2 x sportliche Leggings – Vorderteil 1+2 (SB 1)

Aus Bündchenware

- 2 x sportliche Leggings – Knöchelbund (SB 1)

Wichtig

Die Schnittmuster „Vorderteil" und „Rückteil" sind in zwei Teilen auf den angegebenen Bogen. Füge die Teile nach dem Abpausen an der Klebelinie zusammen.

Tipp

Die Leggings kann auch ohne Bündchen genäht werden. Verlängere die Beine einfach um 6 cm und schlage den Saum dann um 1 + 2 cm um (siehe Seite 22).

Los geht's

1. Lege die zugeschnittenen Beine der Leggings rechts auf rechts und nähe die VM und HM mit der Overlockmaschine zusammen.

2. Lege die Hose so zusammen, dass die VM nun oben in der Mitte und die HM hinten in der Mitte liegt. Die Beine liegen längs gefaltet rechts auf rechts. Nähe die Innenbeine mit der Overlockmaschine zusammen. Wende die Leggings anschließend auf rechts.

3. Nähe das Gummiband an den kurzen Enden mit dem Geradstich deiner Haushaltsnähmaschine zusammen, sodass du einen Ring hast. Lege den Ring 1 cm vom oberen Rand der Leggings an die linke Stoffseite des Hüftausschnitts.

Schlage den überstehenden Stoff (1 cm) über das Gummiband. Schlage den oberen Rand um weitere 2 cm ein, dabei wird das Gummiband „eingeschlagen".

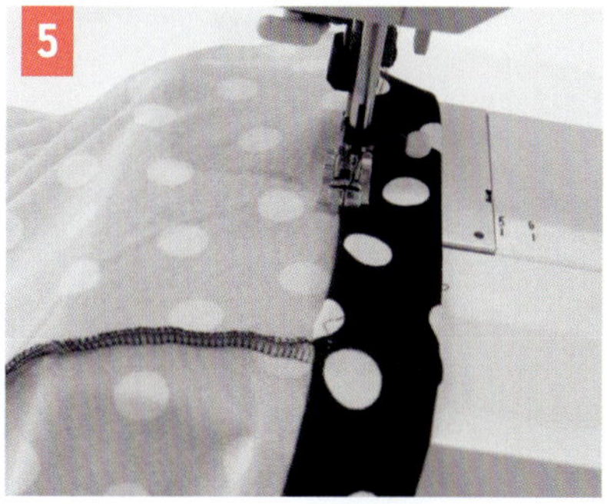

4. Nähe das Gummiband am unteren Rand fest. Verwende dazu einen dehnbaren Stich deiner Haushaltsnähmaschine.

5. Bereite den Knöchelbund wie Ärmelbündchen (siehe Seite 29) vor und stecke diesen in die auf rechts gewendete Leggings, nähe sie an. Schlage die außen sitzende Naht nach unten und nähe sie mit einem passenden Garn mit der Nähmaschine fest (siehe Fake-Covernaht, Seite 22).

Capri LEGGINGS

Größe 34 – 46

Material:

gepunkteter Jersey:
Gr. 36–40: 85–90 cm
Gr. 42–46: 90–95 cm

Bündchenware in Schwarz: Gr. 36–46: 8 cm

Gummiband, 2 cm breit: 75–80 cm

Zuschnitt:

Aus buntem Jersey

- 2 x sportliche Leggings – Vorderteil 1+2. Übertrage die Markierung am Tropfenausschnitt (SB 1)

Aus Bündchenware

- Capri Leggings – Einfassstreifen Tropfenausschnitt. Den Knips (mittig) auf den Stoff übertragen (SB 1)
- Capri Leggings – Einfassstreifen Schleife. Die beiden Knipse (seitlich) auf den Stoff übertragen (SB 1)

Los geht's

1. Arbeite die Punkte 1–5 der „sportlichen Leggings" von Seite 77 ab.

2. Lege die 2 Einfassstreifen für den Tropfenausschnitt rechts auf rechts an die Tropfenausschnitte. Beginne dabei an der Markierung, die oben an den Tropfenausschnitten ist.

3. Stecke die Einfassstreifen für die Tropfenausschnitte ringsherum an die Tropfenausschnitte heran. Dabei müssen die Streifen etwas gedehnt werden. Nähe sie mit der Haushaltsnähmaschine (Elastikstich) 1 cm vom Rand entfernt an.

4. Schlage die Streifen nun zur linken Stoffseite hin ein. Fasse dabei die NZ im Streifen ein. Die Streifen liegen nun 3-fach übereinandergeschlagen.

5. Nähe die Streifen mit der Haushaltsnähmaschine (Elastikstich) nochmals knappkantig an der Oberkante des Streifens von der rechten Stoffseite fest. Dehne den Stoff beim Annähen. Bei diesem Vorgang wird der Rand auf der Rückseite fixiert.

6. Schneide den Überstand der Streifen auf der Rückseite knappkantig ab und bügle die Ausschnitte.

Weiter geht's

7. Lege nun die 2 Einfassstreifen der Schleife rechts auf rechts an den Leggingssaum. Beginne dabei an der Markierung der Streifen, die auf der inneren Beinnaht liegt. Stecke die Streifen rechts auf rechts mit den Markierungen an den Saum der Leggings und nähe sie mit der Haushaltsnähmaschine (Elastikstich) leicht gedehnt 1 cm vom Rand entfernt an. Rechts und links des Saums bleiben ca. 13 cm für die Schleife offen.

8. Schlage anschließend erst die kurzen Enden der überstehenden Bänder für die Schleife um 1 cm zur linken Stoffseite ein und schlage dann den Rest der Bänder wie ein Schrägband ein: die langen Kanten erst jeweils 1 cm zur linken Stoffseite hin einschlagen und dann das Bändchen anschließend nochmals mittig zusammenfalten. Der Stoff liegt nun 4-fach übereinander und dazwischen ist der Saum der Leggings eingefasst.

9. Beginne je an einem Ende der Bänder mit dem knappkantigen Zusammennähen (Elastikstich) am offenen Rand der Bändchen. Dehne die Bändchen beim Zusammennähen ein wenig. Wenn du am Saum angekommen bist, nähe die Bändchen einfach weiterhin zusammen, der Saum wird dabei eingefasst. Beende die Nähte am anderen Ende der Bänder.

Tipp

Du kannst die Leggins auch ohne Tropfenausschnitt nähen. Versäume die Kante dann einfach oder nähe dir ein Bündchen an.

Strand-LAKEN

Einheitsgröße

Material:

- Frottee-Jersey in Rosa: ca 2,6 m
- Frottee-Jersey in Blau: ca 2,6 m
- gemustertes Einfassband aus Baumwolle ca. 160 cm lang

Zuschnitt:

Aus Frottee-Jersey in Rosa
- 2 Stücke, je ca. 155 cm lang und 100 cm breit
- Tasche: ca. 55 cm lang und 55 cm breit

Aus Frottee-Jersey in Blau
- 2 Stücke, je ca. 155 cm lang und 100 cm breit
- Tasche: ca. 55 cm lang und 55 cm breit

Tipp

Bei Frottierstoff ist die „langflorigere" oder auch kuscheligere Seite die rechte bzw. schöne Seite.

Los geht's

1. Falte den quadratischen Stoff für die Taschen übers Eck zum Dreieck und schneide ihn an dem schrägen Bruch durch. Stecke und nähe (Stichlänge 4 mm) entlang der langen Kanten der Dreiecke das Einfassband zuerst auf die linke Seite auf.

2. Klappe das Einfassband zur schönen Seite um. Stecke und nähe es dort knappkantig auf.

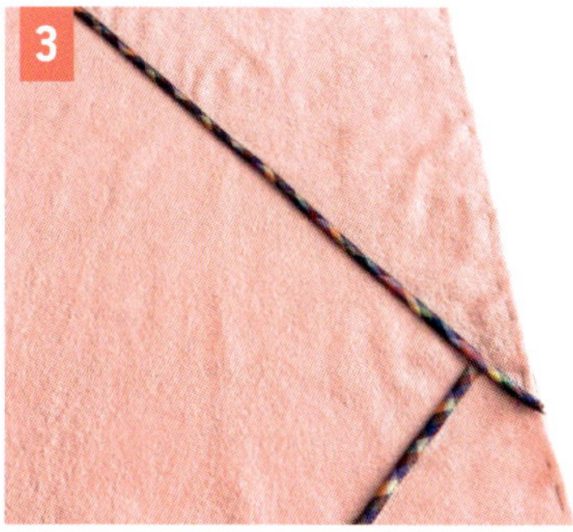

3. Stecke und nähe die beiden Dreiecke füßchenbreit auf eine der beiden kurzen Seiten einer der beiden großen Stoffe auf. Dazu legst du jeweils Ecke auf Ecke, die Dreiecke liegen in der Mitte etwas über Kreuz. Du nähst nur an den kurzen Kanten entlang.

4. Lege die beiden großen Stoffe rechts auf rechts aufeinander. Zeichne mit einem kleinen Teller oder einem Schüsselchen die Ecken rund ab. Halte dabei einen Abstand von 1 cm zur Kante.

5. Stecke und nähe die beiden Stoffe rundherum zusammen, lass dabei an einer der langen Seiten eine Öffnung von ca. 15 cm. Bevor du alles durch die Öffnung auf die rechte Seite ziehst, schneide die Nahtzugabe in den runden Ecken etwas kürzer.

6. Schließe die Öffnung knappkantig. Fertig! Jetzt hast du ein Wendestrandlaken und brauchst nur die Taschen auf die andere Seite umzuklappen, wenn du das Laken andersherum hinlegen willst.

Fakir-HOSE

Material:

- Baumwolljersey in Türkis mit Pflanzenmotiv ca. 140 cm lang und 60 cm breit
- Gummiband 2,5 cm breit und Länge passend zu deinem Bauchumfang

Tipp

Du kannst den Bogen auch flacher oder höher machen. Auch die Gesamtlänge der Hose kannst du ändern. Dazu musst du den Stoff ca. 5 cm breiter zuschneiden.

Los geht's

1. Versäubere eine lange und die beiden kurzen Kanten des Stoffs mit dem Zickzackstich. Falte den Stoff rechts auf rechts zusammen, sodass die beiden kurzen Kanten aufeinander liegen.

2. Stecke und nähe mit dem Zickzackstich die beiden Kanten zusammen. Starte 2 cm on der oberen Kante und nähe zum Verriegeln bis zur Kante rückwärts, dann vorwärts. Bügle die Nahtzugaben auseinander.

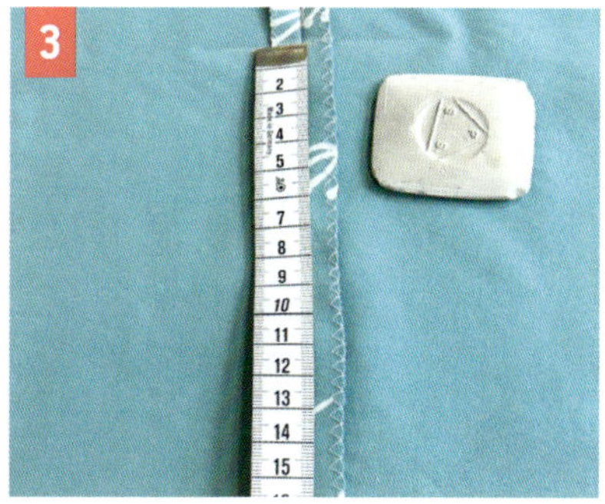

3. Miss, von der unteren, noch nicht versäuberten Kante ausgehend, entlang der Naht ca. 18 cm nach oben ab und markiere diesen Punkt. Miss nun entlang der seitlichen Kanten in beide Richtungen eine Strecke von ca. 15 cm und markiere diese Punkte.

4. Verbinde die beiden seitlichen Punkte jeweils in einer gebogenen Linie mit dem mittleren Punkt. Dazu kannst du auch einen großen Teller oder etwas Ähnliches zu Hilfe nehmen. Schneide entlang der gebogenen Linien durch beide Lagen des Stoffs eine Rundung aus. Versäubere die offenen gebogenen und geraden Kanten einzeln mit dem Zickzackstich.

5. Bügle die unteren geraden Kanten ca. 1,5 cm um. Lass dir dabei wieder von einem Erwachsenen helfen. Stecke und nähe die Bögen rechts auf rechts zusammen. Klappe dafür die gebügelten Kanten wieder auf. Stecke und nähe die gebügelten Kanten rundherum wieder um.

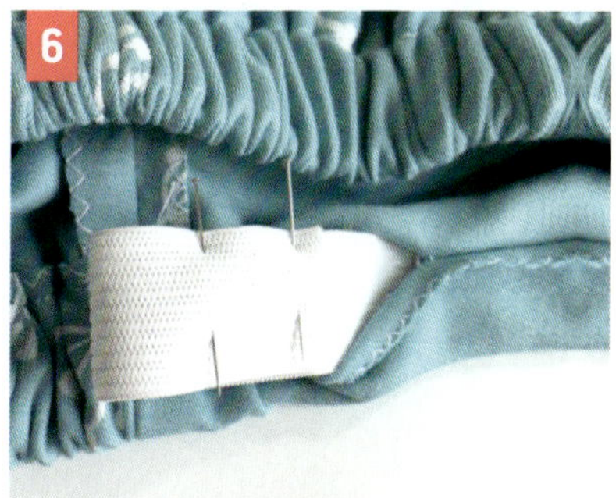

6. Stecke und nähe an der oberen Kante den Stoff 4 cm nach innen um, lass dabei eine Öffnung von ca. 5 cm. Ziehe das Gummiband mithilfe einer Sicherheitsnadel durch den Tunnel. Lass dabei beide Enden aus der Öffnung schauen. Lege die beiden Gummibandenden flach aufeinander und nähe sie zusammen. Achtung, das Gummiband nicht verdrehen! Nähe die Öffnung im Tunnel zu. Und fertig!

Wende-
BEANIE

Einheitsgröße

Material:

- Sweatstoff in Grau für die Außenmütze ca. 35 cm lang und 60 cm breit
- Jersey in Türkis mit Sternen für das Futter ca. 35 cm lang und 60 cm breit
- Jersey in Türkis für die Sternenapplikation ca. 12 cm lang und 12 cm breit
- Klebevlies ca. 12 cm lang und 12 cm breit

Zuschnitt:

Aus Sweatstoff

- 1 x Wende-Beanie (SB 2) im Bruch

Aus gemustertem Jersey

- 1 x Wende-Beanie (SB 2) im Bruch

Aus Jersey in Türkis

- 1 x Wende-Beanie – Stern (SB 2)

Tipp

So näht sich Jersey leichter: Fange ca. 2 cm von der Kante an und nähe erst ein paar Stiche rückwärts. Dann mit Schwung vorwärts.

Los geht's

1. Beklebe die linke Seite des türkisen Stoffs laut Herstellerangaben mit der Einlage und übertrage den Stern-Papierschnitt mit einem Bleistift auf die Papierseite. Schneide den Stern aus und ziehe das Papier vorsichtig ab.

2. Lege den Stern, mit der Klebeseite nach unten, unterhalb der zweiten Spitze auf das graue Stoffstück und bügle ihn auf den Stoff. Achte darauf, dass der Stern nicht zu nah am Rand liegt.

3. Falte das beklebte Teil wieder rechts auf rechts. Stecke und nähe die lange, gebogene Kante bis zur ersten Spitze zu. Stecke und nähe nun auf der anderen Seite die kurze Kante bis zum Stoffbruch zu. Bügle die Nahtzugaben glatt auseinander.

4. Wiederhole Schritt 5 auch mit dem Sternenstoff, aber lass an der Längskante eine Wendeöffnung von ca. 8 cm. Stecke nun die beiden noch offenen Kanten zusammen. Achte darauf, dass die Enden der Nahtzugaben dabei aufeinandertreffen. Nähe die Kanten zu. Mach das bei beiden Mützenteilen.

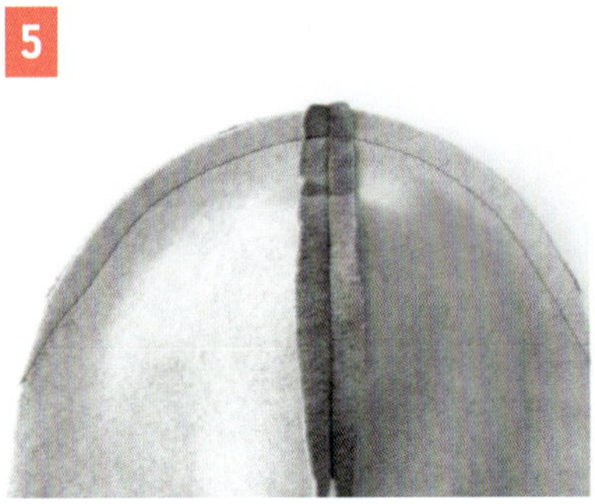

5. Schiebe die auf rechts gewendete graue Mütze in die auf links gewendete Futtermütze. Achte darauf, dass sich die Nahtzugaben treffen.

6. Stecke und nähe entlang der Kante die beiden Mützenteile zusammen. Es geht leichter, wenn du auf der Innenseite nähst! Wende alles durch die Öffnung auf die rechte Seite und schließe die Wendeöffnung von rechts.

Falten-ROCK

Größe 34 – 46

Material:

- Jersey oder leichter Sweat
- ca. 7 Knöpfe in der gewünschten Größe
- evtl. Bündchenware für den Bund (wenn du keine farblich passende findest, kannst du den Bund auch aus dem dehnbaren Hauptstoff des Rocks nähen)

Optional: Gummiband

Zuschnitt:

Aus Hauptstoff

- siehe Anleitung

Tipp

Ein Rock der wie angegossen sitzt: Errechne dir deine Konstruktionsmaße bevor du einen Stoff kaufst, so hast du am Ende möglichst wenig Reste ...

Los geht's

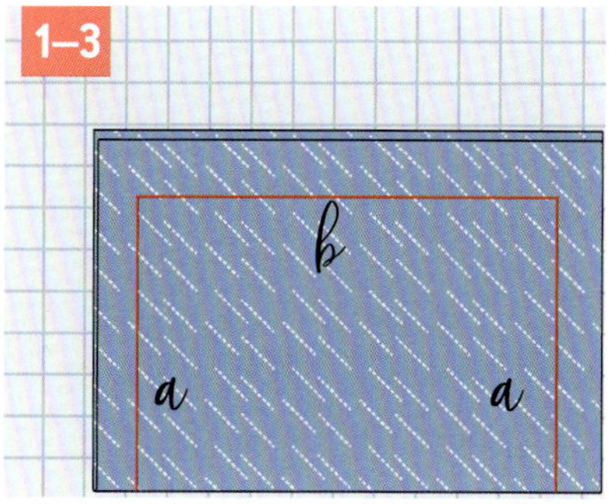

1. Ermittle deinen Hüftumfang, du kannst noch 1–2 cm Bequemlichkeitszugabe hinzufügen. Als Nächstes brauchst du die ungefähre fertige Saumweite des Rocks. Du kannst zur Orientierung die Saumweite eines Rocks aus deinem Kleiderschrank abmessen.

2. Ziehe nun den oben ermittelten Umfang von der Saumweite ab, du erhältst den gesamten Falteninhalt für den Rock. Dieser gesamte Falteninhalt wird auf mehrere Falten gleichmäßig aufgeteilt. Du kannst den Betrag etwas auf- oder abrunden, damit er sich leichter teilen lässt. Überlege dabei, wie viele Falten du nähen möchtest – viele kleine oder wenige tiefere. Teile den gesamten Falteninhalt durch die gewünschte Anzahl der Falten und du erhältst die Faltentiefe. Wenn du wie hier eine Knopfleiste nähen möchtest, achte darauf, dass sich für das Vorderteil des Rocks eine ungerade Zahl an Falten ergibt.

3. Für den Rock werden zunächst zwei identische Rechtecke zugeschnitten: vorderes und hinteres Rockteil. Auf den Stoff gezeichnet wird zunächst das halbe Vorderteil. Falte dazu deinen Stoff rechts auf rechts. Zeichne danach eine Linie im rechten Winkel zum Stoffbruch ein (Seite a). Ihre Länge entspricht einem Viertel der Summe von Rockumfang und gesamter Faltentiefe. Am Ende von Linie a ziehe rechtwinklig eine Linie in der gewünschten Rocklänge + Saumzugabe (Seite b) und zeichne dann das Rechteck fertig.

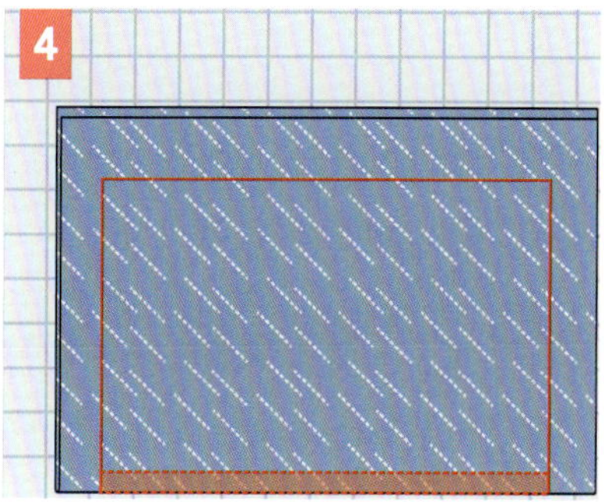

4. Der Stoffbruch kennzeichnet hier die vordere Mitte des Rocks. Im Abstand der halben Faltentiefe markiere eine Linie parallel zum Stoffbruch. Hier wird später die falsche Knopfleiste genäht. Auf dem Bild oben ist zur besseren Übersichtlichkeit die ganze rechteckige Fläche eingefärbt.

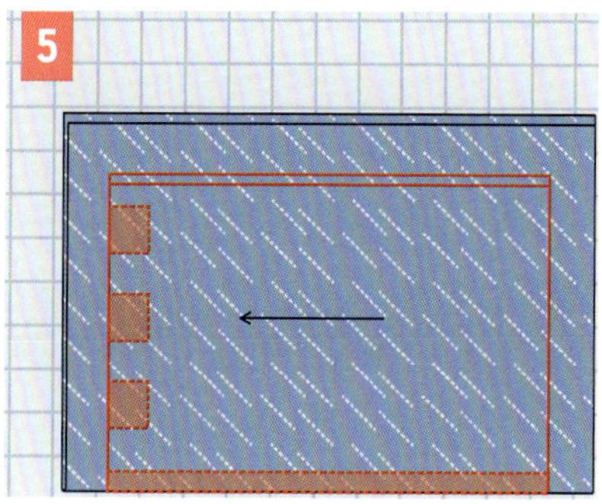

5. Nun benötigst du die Breite der Faltenzwischenräume. Teile dafür ein Viertel des (Hüft-)Umfangs durch die gewünschte Anzahl der Falten im halben Vorderteil – hier sind es, inklusive der Knopfleiste, 3,5 Falten. Beachte, dass an den Seitennähten jeweils zwei halbe Zwischenräume aufeinandertreffen. Du hast also auch 3,5 Zwischenräume im halben Vorderteil. Markiere alle Falten und Zwischenräume auf deinem Stoff mit 3–5 cm langen Linien.

6. Schneide das Vorderteil im Stoffbruch zu, vergiss dabei nicht, an den Seiten Nahtzugaben hinzuzufügen. Übertrage die Markierungen für die Falten auch auf die andere Hälfte des Vorderteils. Dazu kannst du an den Eckpunkten der Falten mit einer Stecknadel in den Stoff stechen und auf der zweiten Stoffhälfte die entsprechenden Punkte ebenfalls markieren.

Weiter geht's

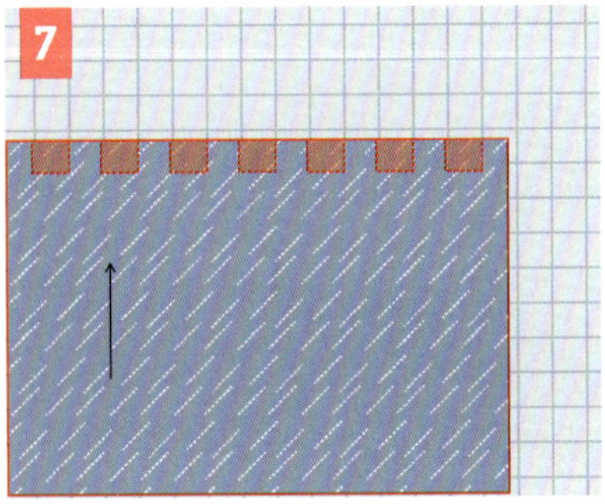

7. Schneide für das hintere Rockteil ein zweites Rechteck mit denselben Maßen und Markierungen zu. Anstelle der Knopfleiste markiere an der hinteren Mitte eine Falte. Im Bild siehst du das ganze, aufgeklappte Schnittteil mit allen markierten Falten.

8. Zeichne für das Bündchen ein Rechteck in der doppelten Höhe des fertigen Bündchens plus Nahtzugaben. Die Länge ergibt sich aus der Oberkante des Rocks – also vorderes plus hinteres Rockteil – bei geschlossenen Falten, multipliziert mit 0,75 + Nahtzugaben.

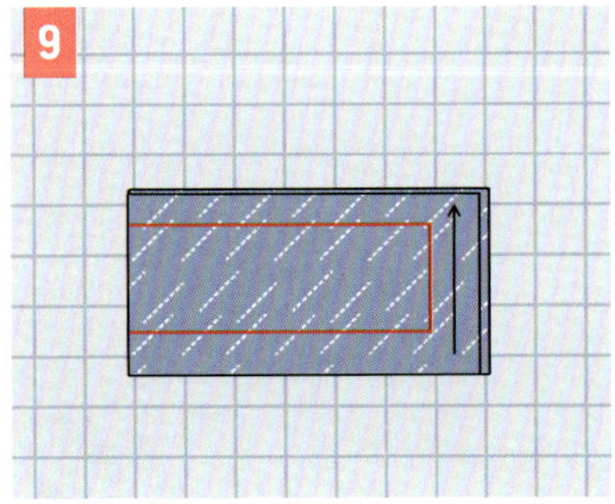

9. Wenn du das Bündchen im Stoffbruch zuschneidest, zeichne es halb so breit auf den rechts auf rechts zusammengelegten Stoff. Schneide das Bündchen aus dem dehnbaren Stoff des Rocks oder aus Bündchenware zu.

10. Als Erstes wird die Knopfleiste genäht. Lege dafür das Vorderteil links auf links zusammen. Parallel zum Stoffbruch nähe die beiden Stofflagen im Abstand der halben Faltentiefe zusammen. Es entsteht eine Art Tunnel.

11. Diesen Tunnel bügelst du nun gleichmäßig flach, sodass der Stoffbruch genau über der Naht zu liegen kommt. Steppe die Tunnelseiten knappkantig über die gesamte Länge am Rockvorderteil fest.

12. Jetzt wird die erste Kellerfalte genäht. Dazu faltest du den Stoff rechts auf rechts zusammen, sodass die Markierungen für eine der Falten aufeinandertreffen. Nähe den Stoff bis zum Ende der eingezeichneten Linien zusammen. Es entsteht wieder eine Art Tunnel, diesmal liegt er aber auf der Innenseite des Rocks.

13. Bügle den Tunnel gleichmäßig auseinander – die Faltenmitte sollte über der Naht liegen. Jetzt nähst du auf der rechten Stoffseite am Ende der Faltennaht einen kleinen Riegel, der die Naht am Ausreißen hindert und gleichzeitig die Falte fixiert.

14. Nähe auf diese Weise alle Falten am Vorderteil: Stoff rechts auf rechts falten, Stoff bis zum Ende der eingezeichneten Linien zusammennähen, Tunnel auseinanderbügeln, bei jeder Falte einen kleinen Riegel von der rechten Seite nähen.

15. Die Falten am hinteren Rockteil werden ebenso genäht wie beim Vorderteil. An der hinteren Mitte wird auch eine Kellerfalte genäht. Vorder- und Rückteil werden nun zusammengenäht. Schließe und versäubere die Seitennähte und bügle sie zum hinteren Rockteil.

16. Das Bündchen rechts auf rechts an der kurzen Seite zum Ring schließen. Diesen links auf links falten, in vier gleich große Abschnitte unterteilen und mit der geschlossenen Kante voran in den Rock schieben. Jetzt wird das Bündchen gedehnt angenäht. Ziehe eventuell zusätzlich noch ein Gummiband ein, damit das Bündchen besser sitzt. Du kannst es mit ein paar Stichen in der Seitennaht sichern.

17. Säume den Rock. Wie du es machst, ist dir überlassen, hier wurde ein einfach eingeschlagener Saum gewählt und von rechts abgesteppt.

18. Zum Schluss nähe die Knöpfe in regelmäßigen Abständen auf. Das kannst du gut mit der Hand machen, es funktioniert aber auch mit der Nähmaschine – lies dafür in der Gebrauchsanweisung deiner Maschine nach. Viele Nähmaschinen haben auch einen Knopflochnähfuß im Zubehör.

Wickel-ROCK

Größe 34 – 46

Material:

- Hauptstoff: Jersey (Du kannst als Hauptstoff auch Baumwollwebstoffe und Leinen verwenden. Je fester der Stoff, desto mehr Stand hat der fertige Rock. Verwendest du einen fließenderen Stoff, fällt auch der Rock weicher. Der gezeigte Rock ist aus eher festem Leinen genäht.)
- Futterstoff (für inneres Bindeband und Schrägband): Jersey (bzw. Baumwollwebstoff)

Zuschnitt:

Aus Hauptstoff

- siehe Anleitung

Tipp

Deine Rockmaße vor dem Stoffkauf zu berechnen lohnt sich, denn so kannst du genau die richtige Stoffmenge kaufen.

Los geht's

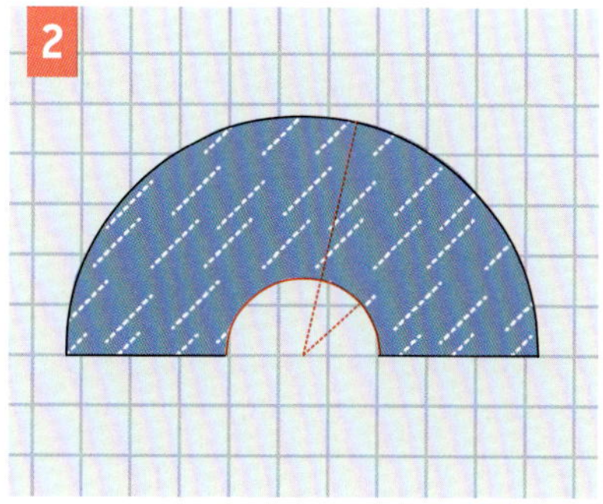

1. Der Rock besteht aus drei aneinandergesetzten Viertelkreisen. Der dritte Viertelkreis dient dabei zur Überlappung. Er ist am Saum zusätzlich abgeschrägt, wodurch der asymmetrische Look entsteht.

2. Überlege, wo der fertige Rock sitzen soll, z. B. auf Taillenhöhe, und miss den Umfang der entsprechenden Körperstelle. Dieser Betrag entspricht dem Umfang des inneren Halbkreises im Bild. Um den Halbkreis zu zeichnen, brauchst du dessen Radius. Rechne dafür Radius (r) = U/π. Verwende für π 3,14159. Für den Radius des Außenkreises (r2) addiere die gewünschte Rocklänge zu r. Wenn später das Schrägband am Saum nur innen zu sehen sein soll, rechne noch 1 cm Nahtzugabe zur Rocklänge.

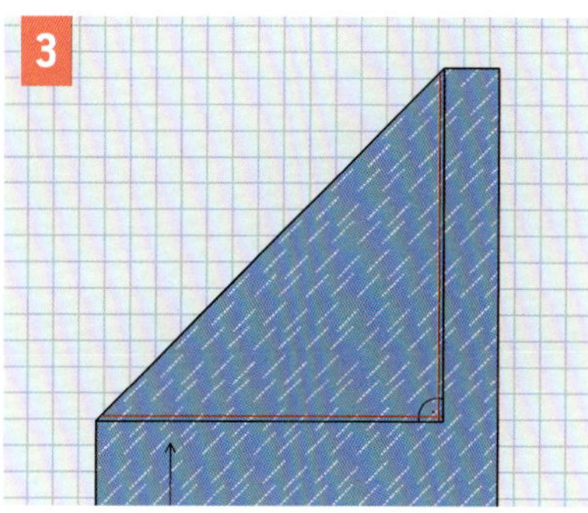

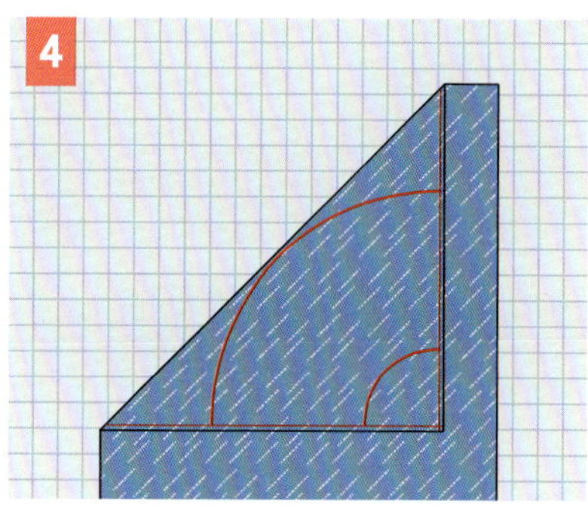

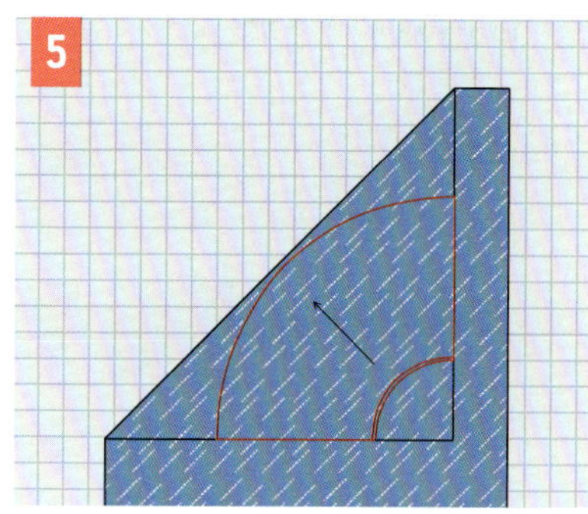

3. Falte dann den Stoff zunächst rechts auf rechts so zusammen, dass die Bruchkante im Winkel von 45 ° zur Webkante (und also auch zum Fadenlauf) liegt. Markiere dir jetzt noch die seitlichen Nahtzugaben (1 cm) auf den nach innen geschlagenen Stoffkanten.

4. Jetzt zeichnest du mit den oben ermittelten Werten (r und r2) je ein Viertel des Innenkreises und des Außenkreises auf den Stoff. Mittelpunkt der Kreise ist dabei die Ecke, die sich durch Überkreuzung der Linien für die Nahtzugaben ergibt. Um einen regelmäßigen Kreis zu zeichnen, kannst du mit einer Schnur und einem Stift eine Art Zirkel bauen.

5. Beim inneren Kreis musst du noch die Nahtzugabe hinzufügen. Dann kannst du das Schnittteil bei doppelter Stofflage zuschneiden. Du erhältst jetzt zwei Viertelkreise – Schnittteil 1 und Schnittteil 2. Wenn du diese noch einmal zur Hälfte zusammenlegst, kannst du überprüfen, ob die Rundung schön regelmäßig geworden ist; schneide sie ggf. zurecht.

Weiter geht's

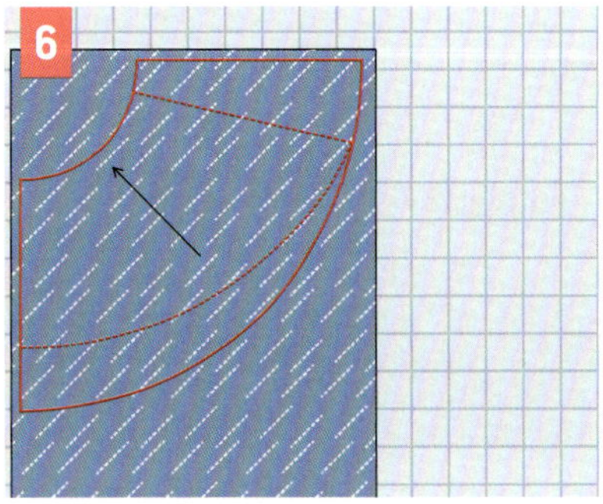

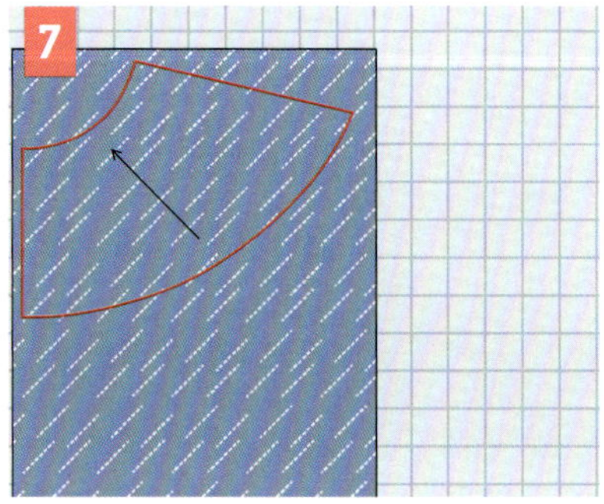

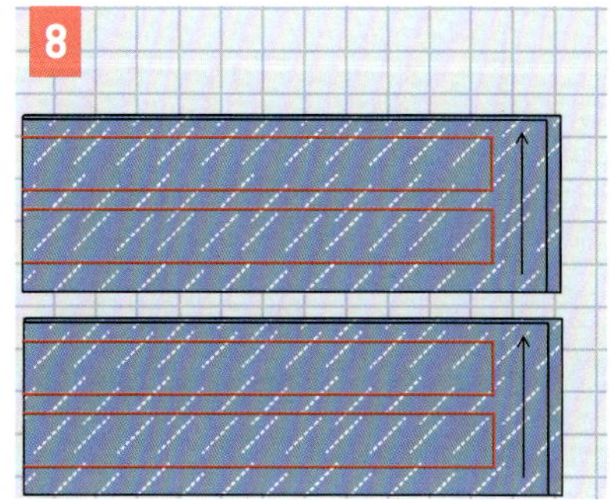

6. Nimm einen Viertelkreise als Vorlage für das dritte Teil. Wenn es nicht ganz überlappen soll, kannst du es verschmälern. Überlege, wie herum du den Rock wickeln willst, und kürze die Außenkante.

7. Für einen asymmetrischen Rock schräge den Saum ab. Dafür kürze den Radius an der Außenseite um etwa 15–20 cm und zeichne anschließend dann eine schräg verlaufende Saumlinie ein. Schneide Schnittteil 3 einmal im schrägen Fadenlauf zu.

8. Die Bänder sind nicht höher als 5 cm + zweimal die Breite der Nahtzugabe, im Beispiel hier also 7 cm. Sie sind doppelt so lang wie der innere Dreiviertelkreis des Rocks; sei hier aber großzügig, später lässt sich das Bindeband problemlos kürzen.

9. Lege die ersten beiden Viertel rechts auf rechts zusammen und nähe sie an einer der Seitenkanten zusammen. Ein Halbkreis entsteht. Die Nahtzugaben werden zusammengefasst versäubert und zu einer Seite gebügelt. Danach nähst du das Schnittteil 3 ebenfalls rechts auf rechts an eine der Seitenkanten des Halbkreises. Du erhältst einen Dreiviertelkreis, wie du ihn auch auf der ersten Schnittzeichnung sehen kannst.

10. Versäubere die Saumkante mit Schrägband, hier wurde das Schrägband so angenäht, dass es nur innen zu sehen ist. Dazu nähst du das Schrägband rechts auf rechts entlang der zu versäubernden Kante fest und bügelst es dann zur linken Stoffseite hin. Schlage es ein, bis es an der Naht anstößt, und dann noch einmal, bis die gefaltete Kante an der Außenkante anstößt. Nähe das Schrägband knappkantig fest.

11. Die Seitenkanten des Rocks faltest bzw. bügelst du zweimal je 1 cm nach innen, zur linken Stoffseite hin. Nähe anschließend die eingeschlagenen Kanten fest. Schneide die Bindebänder je einmal aus Hauptstoff und einmal aus Futterstoff zu.

12. Nähe das äußere Bindeband rechts auf rechts an die Rockoberkante. Die Bindebandenden stehen an den Seitenkanten des Rocks gleichmäßig über. Das Bindeband wird nach oben geklappt und die Nahtzugaben werden ebenfalls nach oben gebügelt.

13. Nähe nun das innere Bindeband (aus dem Futterstoff) rechts auf rechts an die obere (also nicht an den Rock genähte) Kante des äußeren Bindebands.

14. Klappe das innere Bindeband an der Oberkante um, sodass es mit dem äußeren Bindeband links auf links liegt, und bügle die Kante ordentlich. Die untere Kante des inneren Bindebands bügle in der Breite der Nahtzugabe nach innen um.

15. Oberhalb der Naht zwischen Viertel 1 und 2 braucht das Bindeband eine Öffnung. Stecke das innere Bindeband an der Unterkante fest, damit es nicht verrutschen kann. Nähe ein Knopfloch. Dabei lässt du ca. 5 mm Abstand zu den Außenkanten des Bindebands. Entferne danach die Stecknadeln wieder. Mache eine Anprobe und bestimme die genaue Länge der Bindebänder.

16. Nähe die Bindebänder an den kurzen Enden rechts auf rechts zusammen, an der Ecke kannst du die Nahtzugaben abschrägen. Wende dann das Bindeband, sodass die rechten Stoffseiten außen liegen, und bügle die Ecken zurecht. Die offene Unterkante des äußeren Bindebands wird nun ebenfalls in der Breite der Nahtzugabe nach innen umgebügelt.

17. Stecke und nähe nun die Unterkanten des gesamten Bindebands links auf links zusammen und fasse die Rockoberkante mit, sodass keine offenen Kanten oder Nahtzugaben mehr zu sehen sind. Du kannst das Bindeband rundherum schmalkantig absteppen.

Schnittmusterbogen ÜBERSICHT

SCHNITTMUSTERBOGEN 1

Trägertop mit Raffung – Vorderteil

Trägertop mit Raffung – Rückteil

Knopftop mit V-Ausschnitt – Vorderteil

Knopftop mit V-Ausschnitt – Rückteil

Knopftop mit V-Ausschnitt – Halsstreifen

Knopftop mit V-Ausschnitt – Armlochstreifen

Wasserfall-Loop

Pyjamahose – Vorderteil Teil 1+2

Pyjamahose – Rückteil Teil 1+2

Pyjamahose – Saum

Pyjamahose – Bund

Schlafmaske – Maske

Schlafmaske – Ohren

Schlafmaske – Tunnel

Shorts – Vorderhose

Shorts – Hinterhose

Shorts – Einsatz

Shorts – Saumbeleg

Shorts – Bund

Kleid mit V-Ausschnitt – Vorderteil Teil 1+2

Kleid mit V-Ausschnitt – Rückteil Teil 1+2

Kleid mit V-Ausschnitt – Ärmel

Kleid mit V-Ausschnitt – Halsbündchen

Sportliche Leggins – Vorderteil Teil 1+2

Sportliche Leggins – Knöchelbund

Capri Leggins – Einfassstreifen Schleife

Capri Leggins – Einfassstreifen Tropfenausschnitt

SCHNITTMUSTERBOGEN 2

Shirt – Vorderteil

Shirt – Rückteil

Shirt – Puffärmel

Shirt – Bubikragen

Shirt – Ärmel

Shirt – Tasche

Bindegürtel – Mittelteil

Bindegürtel – Bindeband

Gestreiftes Jersey-Kleid – Vorderteil Teil 1+2

Gestreiftes Jersey-Kleid – Rückteil Teil 1+2

Gestreiftes Jersey-Kleid – Ärmelstreifen

Gestreiftes Jersey-Kleid – Tunnelzug

Gestreiftes Jersey-Kleid – Halsbeleg vorne

Gestreiftes Jersey-Kleid – Halsbeleg hinten

Gerades Jersey-Kleid – Vorderteil Teil 1+2

Gerades Jersey-Kleid – Rückteil Teil 1+2

Gerades Jersey-Kleid – Ärmel

Gerades Jersey-Kleid – Halsbeleg vorne

Gerades Jersey-Kleid – Halsbeleg hinten

Wende-Beanie – Mütze

Wende-Beanie – Stern